山东警察学院文库
山东警察学院出版基金资助

法的一般性：
从实质到形式

解永照　著

中国人民公安大学出版社
·北　京·

图书在版编目（CIP）数据

法的一般性：从实质到形式 / 解永照著 . —北京：中国人民公安大学出版社，2023.4

（山东警察学院文库）

ISBN 978-7-5653-4668-2

Ⅰ．①法…　Ⅱ．①解…　Ⅲ．①法的理论 - 研究　Ⅳ．①D90

中国国家版本馆 CIP 数据核字（2023）第 049043 号

法的一般性：从实质到形式

解永照　著

出版发行：中国人民公安大学出版社
地　　址：北京市西城区木樨地南里
邮政编码：100038
经　　销：新华书店
印　　刷：北京市泰锐印刷有限责任公司

版　　次：2023 年 4 月第 1 版
印　　次：2024 年 9 月第 2 次
印　　张：10.5
开　　本：787 毫米 × 1092 毫米　1/16
字　　数：183 千字

书　　号：ISBN 978-7-5653-4668-2
定　　价：35.00 元

网　　址：www.cppsup.com.cn　www.porclub.com.cn
电子邮箱：zbs@cppsup.com　zbs@cppsu.edu.cn

营销中心电话：010-83903991
读者服务部电话（门市）：010-83903257
警官读者俱乐部电话（网购、邮购）：010-83901775
教材分社电话：010-83901837

编辑说明

　　山东警察学院长期秉承"研究与教学并重"的原则，坚持走"科教兴校""科教强警"之路。在此理念指导下，为进一步激励学术创新，促进理论繁荣，加速成果转化，发现和培育优秀科研团队和拔尖人才，推动科研能力和理论水平不断提升，早日实现学院党委提出的"创建一流公安院校"的奋斗目标，2020 年 11 月学院成立了学术专著出版基金，并决定出版《山东警察学院文库》（简称《文库》）。此举不仅加大了科研资助力度，还承揽了专著的出版任务，彻底解除了教师出书难的后顾之忧，在全院引起强烈反响。广大教师的科研积极性被充分调动起来，他们潜心研究，协调创新，成果斐然，极大地活跃了我院的理论研究和学术创新氛围。

　　为保证出版的专著能够切实反映我院的学术水平，充分体现其创新性、专业性和价值性，我们特地邀请了国内相关学科的知名专家学者对书稿进行审定，然后经学院学术委员会审议通过后，才能入选《文库》，并最终付诸出版。

　　入选《文库》的作品要求能够反映我院的实际研究水平，不仅要符合专著的基本要求，是在某个领域对某一问题的专门性研究，而且还应具备专业性、规范性和价值性等特征。我们特别期待作者能够提供具有原创性、时代性和创新性的优秀作品，也非常高兴看到一些资深学者、教授在科研战线甘做绿叶，发挥传帮带作用。当然，我们也更加期盼有更多的青年才俊尽快脱颖而出，在学院教学科研方面撑起一片蓝天。

　　以习近平新时代中国特色社会主义思想为指导，坚持总体国家安全观，始终服务公安教育教学，服务公安中心工作，赋予公安高等教育以底蕴和灵魂，是公安学术研究的任务和使命；创新服务模式，创造良好的学术研究和学术创新氛围，站上公安理论研究的"制高点"，进一步丰富、创新我国的公安理论研究成果，完善国家安全体制机制，加强国家安全能力建设，有效维护国家安全，是我们出版《文库》的初衷和不懈追求，也是各位作者的期盼，我们当竭力为之。

　　《文库》的出版是一项长期工程，我们的计划是成熟一本出版一本，竭力为有志于在公安教育和学术领域默默耕耘的我院教师提供一个展示理论研究成果的最佳平台。期待有更多更好的作品能够入选《文库》，为《文库》增色添彩，为繁荣公安理论添砖加瓦！

《山东警察学院文库》编辑委员会

2021 年 6 月

前　言

　　法的一般性是一个在法的诸多方面被提及，但又没有得到详尽阐发的问题。在国内的法学研究中，法的一般性被作为法的特征、法治或者现代法的特征进行了教科书形式的初步介绍，近几年来在吸收域外法治学者关于法的一般性的相关论述的基础上，又在法治面向下对法的一般性的内容和价值意义进行了推进性研究。域外对于法的一般性的研究，多偏重于定位为法的特性之后的价值论述，对法的一般性的实证规范分析也有所涉猎，但大多较为简省。富勒在《法律的道德性》中做了有益的尝试，初步在法的内在道德中指明了法的一般性是"首要的素质"。但遗憾的是，富勒指出问题后并没有做进一步的论述。实际上，法与命令、一般规范与个别规范等有关法的界定的根本性问题，都可以溯源于法的一般性问题。法的一般性作为法的基本属性确实在法的诸多方面得到体现，诸多关于法的规范、制度和体系的安排无不是立基于法的一般性之上，法的诸多安排都可以在法的一般性的层面得到深层解释。因而，对于法的一般性问题的研究，在诸多关于法的基本属性的研究中都有提出法的一般性或者普遍性是法的基本属性。在这一论断得到较多的承认以外，亟待将法的一般性作为一个实在的法学范畴明确和明晰起来，将法的一般性与诸多法的基本要素和制度设计的关联揭示出来，从而将法的一般性作为法的首要素质、基本属性的地位用法的事实论证、巩固下来。

　　法的一般性在文献中的直接存在是点缀性的，一般性问题在哲学等学科中的状况与法学学科的状况相比也没有大的改观。但细究之下，一般性作为法的首要素质，其体系之庞杂却足以凌乱对于法的一般性的认知，法的效力问题、法的逻辑结构安排以及法的其他属性等要么是法的一般性的构成部分，要么是法的一般性的外围安排。这都说明了一般性是法的首要素质这一论题，本书对于法的一般性阐述也将围绕这一主题展开。本书中的单一部分即使偏重于说明性，但也整体性地从各自领域论证着法的一般性对于法的体系组织功能。

　　对于法的一般性，必须放在法的整体中加以认识。但各法学流派的智识在不断丰富对法的认识的同时，也造成了对法的认识的不同见解，导致至今法学界对于法的认识也是莫衷一是。从社会规范的发展角度，将法与原始伦理（道德）、风俗习惯、宗教规范等主要社会规范进行承续更革的比较研究，可以发现，法作为主要社会规范，面对社会越发异质的现实，一方面依然要对社会对象发生普遍的规范力，另一方面本身却丧失了（准）共同体环境下规范与社会的同一性。这就导致了法的一般性与（准）共同体社会规范一般性的根本性差异，也造成了法的规范功能发挥的机理难题，同时衍生了进一步的法的规范设计和体系构造难题。

法的规范功能发挥的机理问题在很大程度上是一个对于法的定性问题。这个问题在法学界被转化成了一个法是否具有实质一般性的问题，也就是法的本质理论。这可以说是借鉴了（准）共同体社会规范的功能发挥原理，也确实抓住了整体社会依然携带的共同体基因。本书将这类探究从"存在""根据""效果"的实质一般性三个大的方面进行了整理。实质一般性的不同解说既反映了分化后的不同社会群体对于社会实质面的不同关注，也标志着（准）共同体社会规范的功能发挥机理依然对于法发挥社会规范作用有重要意义。但这种规范作用的发挥是有局限的，对主流实质价值或者最低限度的社会共识涵摄之外存在的异质的规范是无效或者低效的，因而强制的强势进入既是法的一般规范作用发挥的保障，也是法相较于其他社会规范最鲜明的特色和最重要的演进。法的规范性除在继承道德方面的应为性之外，还添加了强制方面的必为性。

在法的实质方面寻求一个确定的存在并表述出来是一个难题，这需要克服社会发展不均的规律，也需要面对社会价值多元化的现实。法治理论虽然主要也是一个探究法的实质价值正当性的畛域理论，但在其发展中除了关注实质价值，特别是内部各价值流派的理论争鸣之后，也开拓出了落实各自主张的实质价值的形式领域。在继续进行实质价值论争的同时，法的形式一般性对于法治的关系以及法治价值的实现领域别开生面，并取得共识。法的一般性与法治的紧密关系，特别是法的一般性对于实现法治的权力分立、限制行政权力、实现平等以及法治衍生机制的前置性地位，一定程度上消弭了实质与形式的对立。当然，也产生了一种假象，即将法治的实质价值等值移植于法的形式一般性，将法治的实质价值解释为法的形式一般性的实质价值。形式法治或程序法治在某些方面摆脱了无共识的实质价值争议，达成了价值法学与实证规范法学的协同共进，也推进了所主张实质价值的实际落地。

　　在关注法的实质一般性难题的同时，将重心转向法的形式一般性，就当下的法学研究而言，无疑有利于更好地推进对于法的一般性的认识，毕竟对于法是什么的追问一直是价值法学的研究中心，并且也取得了丰硕的成果。在法的形式一般性方面，首先要明确的就是法的一般性的本体性内容。这包括两个方面：一方面是法作为一个整体的一般性问题，或者说法的融贯性问题。在一个法的统一体内，有一个共同的"宪法"或者"基础规范"。以"宪法"或者"基础规范"为基点，形成了层级设置的效力传递、法意统一的法律体系。法律原则与法律规则作为法的要素的双重配置，既尽可能实现了法的明确性，也保障了一般性法的一致性。不同的法律部门、法律规范、法律条文的整体协调，使整个法律体系成为一个意义共同体，使法体系在整体上具有一般性。另一方面是法的一般性的具体方面，按照法的时间、空间、主体（人）和行为（事件）效力的四个方面，需要分别说明其一般性的内容以及其内在的原理。传统的对于法的效力的一般性的阐述多是说明性的，但对于其内在的一般性的机理或者关联没有说透。实际上，法的一般性的具体方面涉及地方立法、不得溯及既往、主体责任分配以及规范行为选定等诸多法的重要问题，这些问题的具体解决方案设计也需要放在法的一般性这个大的背景下来考虑。

　　法的一般性总体上是作为一个目标性要求被提出来和预先设定的，其得到落实和实现需要配置相应的立法和法律实施技术机制。在立法上，为了保证法的一般性在法律规范层面的实现，一是设置了统一的法律规则逻辑结构，将法律规范关注点聚焦在法律意图规范的法律行为上，并配置相应的法律后果。这就保证了法作为行为规范对于"行为"评价对象的限定性的同一性。二是使用了概念、类型等抽象思维工具，以一般性地实现法律规范对个别对象的大概率涵盖。三是将立法程序予以程序化，以养成立法制式。立法的程序化在很大程度上保障了法规范生产场景的一致性。在法律实施上，面对无限多样的法律事实，又需要将抽象表达的法律规范与具象存在的规范对象连接起来。为此，一是要做好法律规范意思的传达，配置了颁布公告制度、法律典范——官员以及执法司法机关的行法示范制度以及狭义的法律解释制度；二是要配置法的一般性的短板加强机制，面对法的一般性所必然产生或可能产生的模糊性、不周全性等，需要建立相应的法律解释制度、自由裁量制度和案例指导制度等，以补充一般性不够或者不能解决的问题。

　　法的一般性是法的首要素质，是整个法律体系构建的逻辑起点。法的一般性处于这样的地位，无疑是与法的一般性对于法的构建主体意欲追求实现的目标、意义具有重要价值有关。对于法的一般性意义，有两个主要的理解路径：一是将法的一般性与特定的社会价值联系起来，关注法的一般性的"质"，如认为法的一般性意味着平等、自由、权利等，这在价值法学中获得不少支持。正如已得到法学界认可的，法的一般性预设了平等、自由等法治价值，法的一般性与法治具有较紧密的亲缘关系，法治配置法的一般性具有一定的必然性。法的一般性却并不必然单一地匹配于法治，法的一般性实际地服务于各种形态的法，法的一般性与平等、自由、权利具有多样性组合形式。二是将法的一般性与特定的社会效果联系起来，即关注法的一般性的"量"。这种思路认为，法的一般性源于法的构建者意欲实现的对于一定范围的对象的规范，这本身意味着一般性，而一般性又意味着某种稳定的状态或者秩序。因此，采用一般性的规范既有利于实现对于规范对象的规范，又有利于实现法的一般性目标、手段和方法。

综合来看，法的一般性首要涉及法的本质性问题，目前法学界虽然对此依然没有形成基本共识，但法的本质却是一个对于法的一般性而言具有重要意义的基点。法治理论在本质理论研究推进之外，开辟了法的一般性的形式理解的新路径。这一路径的最大意义在于，将法的一般性作为法的首要素质、基本属性的地位彰显出来，在法的体系性思维之下将法的效力、构成要素、逻辑结构等法的主要问题都归到法的一般性的大纛之下，对于这些问题的理解也不再局限于规范中的理解阶段，而是推进到了规范前理解阶段。而这又反向地进一步推证了法的一般性在法体系中的逻辑起点地位。

著　者

2023 年 2 月

目　　录

导　　论

第一节　为什么要研究法的一般性问题

　　达米安有一句名言："哲学应当像婢女服侍主人那样为神圣的经典服务。"这句话后来被演绎为"哲学是神学的婢女"。其实，这句话用来形容法学长期以来的地位更为恰当。一直以来，法学是否是一门独立的学科一直备受争议，哲学、伦理学、社会学、政治学在给法学以智识滋养的同时，也长时期深度地影响乃至左右着法学的发展，并交替成为法学之上的元学科。规范分析法学或者法教义学的形成在一定程度上改变了这种局面，标志着法学作为一门独立学科具有了自己特定的研究对象（法现象，特别是法规范）。虽然对于法学是否有自己独有的研究方法以及研究方法对于一个独立学科的意义尚有争议，虽然法学科内部对于规范分析法学的地位和评价也不尽一致，但规范分析法学对于法规范的聚焦，有力地反驳了法学没有学科独立研究对象的诘难。其实，学科划分作为一种缘起于西方的学术研究传统，只是类型化这种方法在学科领域的应用而已，不具有绝对意义。越到晚近，学科融合与交叉的趋势越明显，特别是学科研究方法的渗透越彻底，学科的标志也就越来越集中到了研究对象身上。法学作为一门相对年轻的学科，在累经了哲学法学、社会实证法学和规范分析法学的发展之后，对于法的认识日渐澄明。但不得不承认，法学研究方法的缺憾在一定程度上影响到了法学知识生产的创见性和贡献度，不少所谓的法学知识产品都带有其他学科知识产品的影子。这种基本是单向研究的代入性，既说明了现代很多不同学科研究内容、研究方法的交叉性很强，也说明法学在这种学科竞争中并不占优，提供的公共知识产品还没有足够的反向输出能力。但是，法学研究和法律实践的发展，特别是法治作为一种主流生活经验和生活方式已经在世界范围内取得了广泛肯认，法也已经成为诸多科学特别是社会科学研究的宏观或隐含背景。法律实践和法学研究的这种相对隔离，说明法学研究还有待将法律实践的核心内容提炼出来，表达出来。搞清楚这个核心内容或者基础是什么至关重要，法的整体性操作也正是从这个核心或者基础出发来确定操作基准，进而形成法律体系的。已有的法学研究将这一问题主要诉诸法的基本属性研究，为此，法学学者在各种名头下进行了多个方向的探讨，将之命名为基本属性、内在道德、规训等。自然法学、规范分析法学和社会法学从各自的学科资源出发，对于法的基本属性等问题进行了在各自理路中自成体系的解说，并且对于法的基本属性的阐释大都是以基本属性群的形式呈现的。这些对于法的基本属性群的解说多是对基本属性的列举，多是零散的，对相互之间的联系没有进一步的解释，对于各个基本属性之间的地位从属也没有进行探讨。基于一定立场将法的基本属性进行简单列举，并且没有对诸多基本属性进行位阶、逻辑等方面的说理，这对于法的基本属性群或者体系的深入阐释以及运用而言无疑是一大缺憾。对此，富勒在《法律的道德性》中做了一个有益的尝试，初步提出了在法的内在道德中指明法的一般性是“首要的素质”。虽然富勒对此没有进一步的解释，但这一命题的提出相对于法的基本属性的简单列举无疑是一个巨大的进步。笔者支持这一论断，除了是因为在诸多关于法的基本属性的研究中都有提出法的一般性或者普遍性是法的基本属性，这一论断得到较多的承认以外，以一般性为基点进行观察，可以发现法的一般性作为法的基本属性确实在法的诸多方面得到体现，诸多关于法的规范、制度和体系的安排无不是立基于法的一般性之上，法的诸多安排都可以在法的一般性的层面得到解释。具体来说，在法的空间中存在的“法律人”的基本特征就是“一般人”或者“常人”。①这种“一般”“平常”不仅体现在立法、司法、执法和守法等法生态的方方面面，还体现在法主体、法效力、法行为等法规范表述的字里行间。笔者认为最能表述法的这一特性的术语，就是“法的一般性”。因而，有必要明确“法的一般性”在法体系中的地位，并将“法的一般性”在法体系中的具体生活状态尽量细致地呈现出来。要改变“一般性的难题在法理学文献中并没有得到充分的讨论”②的状况。“法的一般性”是法的一个基本属性，但不代表其是不证自明，可以存而不论的。因而，有必要对“法的一般性”的整个理论体系进行相应的建构和梳理，这也是一项法学知识的筑基工程，有利于

---

① 　当然，正如“理性人”由于受到马斯洛需要层次理论、西蒙有限理性、制度学派“社会－文化人”、行为科学心理实验、莱宾斯坦 X 效率理论批评而进行了一些修正一样，法空间的“一般人”或者“常人”造型也只是一种典型形态，对于特定资格的要求、对于严格责任的配置在法的范畴中也并不鲜见。

② 　［美］富勒. 法律的道德性. 郑戈译. 商务印书馆，2005：58.

法学科的知识独立和知识输出。

最直接引发笔者对于"法的一般性"问题关注的并不是整体性的"法的一般性"地位的不明和知识体系的模糊，而是法学文献对于"法的一般性"表述的巨大差异。这种表述的差异给笔者带来了一定的困惑。法的一般性，亦称法的普遍性[①]，是一个在法理学教科书中作为法的特征[②]或者作为法治的形式要件[③]被普遍提及的概念，以至于在一些部门法教科书中亦会被经常提及。前述两种对于法的一般性的不同定位源于对于法的一般性的不同内容涵括，在其特定内容描述的前提下，这种定位也没有问题。但从语言表述上两者的差异互有交叉，也可以从中看出两者的基本立场是有差异的。前者认为法的一般性是一般意义上的法所具有的，偏重于法适用的形式普遍性；后者将法的一般性作为现代意义上的法或者法治意义上的法才具有的特性，偏重于强调"法律面前人人平等"与反特权等这样一些实质价值。其实，无论是将"法的一般性"定义为法的特征还是法治的特征，还是将法的一般性的内容限定在适用效力的一般性上还是扩展到"法律面前人人平等"，都是对于"法的一般性"知识体系的贡献，都展现了"法的一般性"知识体系的一些面相，但又只是"法的一般性"知识体系的一个部分而已。但是，在整体性的法律体系中用一个名词来指代实质意义差距很大的两个内容是很容易产生误解的，进而可能产生两者可以无差别替代的错觉。而这一错觉在法学研究中也实实在在地产生了。对于法的形式一般性和法的实质一般性的关系到底如何，一些法的一般性所承载的实质价值到底是法的实质价值在法的形式上的传导，还是法的一般性形式自身所具备的，在法治语境下，法治实践中两者的共存共荣关系对答案的形成造成了误导。因而，对法的一般性进行概念限定或者区隔，并对法的一般性在法体系中的真实地位和价值进行分析，也是当前一项亟待进行的工作。

---

① 在中文文献中，"法的普遍性"的使用率要远远大于"法的一般性"的使用率，但笔者认为，作为一个概念，"法的一般性"要优于"法的普遍性"，理由有二：一是在英语文献中，对于这一概念使用的是 generality，而非 university；二是普遍性一词在国际法学中被大量使用，而国际法学所说的普遍性是一个与国家性、地方性相对的概念，有放之四海而皆准的普世价值的意蕴。而法的一般性的语境则要宽缓很多，承认法的国家性和地域性，对于例外的接纳也更宽容。当然，在句子表述中，如"普遍适用"可能更加达意和符合语言使用习惯。

② 张文显.法理学.高等教育出版社，北京大学出版社，2007：77；朱力宇.法理学.科学出版社，2013：18；舒国滢.法理学导论.北京大学出版社，2011：33；周农，张彩凤.法理学.中国人民公安大学出版社，2007：15.

③ 葛洪义.法理学.中国政法大学出版社，2012：214；朱景文.法理学（第三版）.中国人民大学出版社，2015：98.

第二节   既有文献的梳理与评价

一、法的一般性的说明性阐述

法的一般性作为法的一个基本特征，对于法的发端、发展和发达具有基础性的作用，法的一般性的内涵和要素是十分丰富的。但作为学术史给我们呈现出来的关于法的一般性的面貌却是相对简单和单薄的。现在对于法的一般性的学术描述主要集中于两种形式：

一是法的一般性的概念。法的一般性作为一个概念在中国的法学学术地图中一直处于相当边缘的地位，特别是在中国本土的法学学术研究中，法的一般性长期处于概念化的地位，大多在教科书中出现。或者是将法的一般性作为法的特征提出来，并加以概念性阐释；或者是在法治的原则中与其他众多原则一并提出，论述结构和形式与前一种类型的论述基本相同，也基本是概念式的阐述和解释。一般来说，教科书会在阐述法的一般性的时候，遵循着将法的一般性提出来，并做概念界定，或者略宽于概念的进一步加以阐发的基本模式，两者是分别站在一般语境下的法与法治语境下的法这样两种根本不同的理论前提预设基础上的。应当说，在相当长的一段时间内，法的一般性在中国的法学研究世界中是以这种形态存在的，在众多教科书中一般都会被提及，但仅限于一般的概念性说明，直到法治研究在中国法学研究中成为中心议题之后，这种局面才有所改观。

二是当今更多的中国学者将法的一般性作为一个法治的内在道德或者规训，并以法的一般性在具体国别或法域的表现形式上间接、隐含地详加阐述。这种研究方式下对于法的一般性的论述多以援引国外学者的理论为基础，著述形式也偏向著作和论文。这些论述是以偏向实体权利保护方式论及法的一般性的，主要是内涵式地涉及法的一般性，明确提到法的一般性的不多，大多是在具体国别、具体律法的语境下谈论某一论题时而提到的。如戴雪在谈论英国宪法时，提及普通法律与普通法院占据优势地位，无一人可凌驾于法律之上，还指在英国四境之内，每一个人无论贫富贵贱都受国内的普通法律管制，而且都服从于普通法院的司法管辖。[①] 在这一框架下的另外一种论述法的一般性的形

①   A.V.Dicey.*Introduction to the Study of the Law of the Introduction*.London：Macmillan，1961，p.193.

式，是将法的一般性与众多法的形式品性一并罗列出来，并主要从形式的角度
对法的一般性加以论述。而哈耶克提出法律三属性说，认为"法律必须是普遍
的、平等的和确定的。"① 比较典型的是富勒在《法律的道德性》一书中在把法
治的形式原则作为一种法的内在道德基础上对于法的一般性的论述。② 中国学
者对于法的一般性研究内容的拓展最初就是在这个方面起步的，比较具有代表
性的观点如夏勇提出的"法治的十大规训"，其中第一个规训就是"有普遍的
法律"，并将其分为法律规范制作的一般性、法律适用的一般性和法律制度的
统一性三层意思。③

二、法的一般性的说理性阐释

将法的一般性作为法的特征而言，已有的论述主要是围绕实质效力的一
般性展开的，而在现代法治的语境下，法的一般性的定义在很多文献中都明确
加入了"法律面前人人平等"的内容。这方面比较具有代表性的论述，如拉德
布鲁赫认为，"法律法则在或多或少的程度上总是一般的，它对或大或小的人
和场合总是一视同仁。虽然法律的专门化可能一如既往地深入发展，但在任何
程度上，法律面前平等和法律规范的一般性都是法律的本质"④。德沃金认为，
在社会价值日趋多元的社会背景下，人在观念上也不尽统一，立法和法律实施
如果偏重于某种观念而厌弃另一种观念，就是对持不同观念人群的差异对待。
公权力对于某种观念的偏爱可能并不是基于某种实在的理由，而仅仅是这种被
偏爱的观念被权力掌握者或者某一人数更多或者地位更强势的团体喜爱或者持
有。⑤ 沃尔德伦对于法的一般性的这个方面的表述更为全面，不仅提出"这种
普遍性的要求表达了一项重要的正义原则：公平待人和同等情况同等对待。如
果我承诺了同等情况同等对待，那么我就应当能够以一种普遍的形式来陈述我
的原则。如果我不能——也即，我不能找到一种方式使得我的法律避免指涉特
定的人——这也许很好地表明了，我正在基于偏见、自我利益或者某种那样的
东西做出武断的区分"⑥。

① F.A.Hayek.*The Political Idea of the Rule of Law*.Cairo：National Bank of Egypt，p.34.
② ［美］富勒 . 法律的道德性 . 郑戈译 . 商务印书馆，2014：55–59.
③ 夏勇 . 法治是什么——渊源、规训与价值 . 中国社会科学，1994（4）：127–128.
④ ［德］拉德布鲁赫 . 法学导论 . 米健译 . 中国大百科全书出版社，1997：7 .
⑤ Donald Dworkin.*A Matter of Principle*.Harward University Press，1985，p.191.
⑥ ［新西兰］杰里米·沃尔德伦 . 法律——七堂法治通识课 . 季筏哲译 . 北京大学出版社，2015：
60–61.

在法的一般性说理性阐释方面，我国学者在近几年做了一些有益的探索。刘凤景教授在相关著述中，除了对于一般意义上理解的法的一般性内容，如对象的一般性和适用的一般性进行了进一步的具体论述外，还认为，法的一般性还体现在意志的一般性①、标准的一般性②等方面。戴津伟在这方面也提出了一些新观点，除了内容方面的一般性与刘凤景教授的标准的一般性有异曲同工之处外，提出了调整方式的普适性这样一个技术性命题。③综合来看，这些拓展大都是在法治的命题下进行的，包括技术性内容的拓展也大都带有一定的价值前提，对于法治研究的发展具有重要的开拓意义。但这些对于法的一般性的研究，有较多的内容是不能拓展适用于除法治之外的一般意义的法之上的。

三、法效力的一般性

法的一般性的核心含义就是法具有普遍适用效力，这也是诸多教科书将法的一般性列为法的特征的主要考量。与前面的概念性介绍不同，有关法的效力的一般性的文献很多，内容的学理性、系统性和完备性也都比较成熟。只要有法规范的存在，其就是对其适用范围内的对象普遍适用的。除非经由特别规定放宽或限制所适用的范围，否则，一般性的法律一概会把其疆域内的所有人民纳入其管辖之下。④法律效力是指法律规范所具有的约束力资格，是一个应然资格，表明法律规范意图达到的法律影响范围效果。在论述这一问题时，凯尔森提出了法的效力与实效这样一对概念，并提出了法的效力四个方面的范围，即时间、空间、人和行为（事件）。⑤也正是在"效力与实效"这一部分，凯尔森将法律分为一般规范与个别规范，认为一般规范是适用于重复发生的一整批同样的事件的规范。⑥凯尔森对法律与依据法律作出的具体判决进行的一般规范与个别规范的这种区分，在奥斯丁那里也有体现："如果一个命令具有

---

① 刘凤景.法治的阿基米德支点——以法的一般性为中心.法学论坛，2013（5）：30-31.对于法的意志的一般性是法的正当性、正确性宣称的一个重要论述方向，其实阿烈克西也提出了一个论证方向，即认为法是理性的制度化，也可以说是理性的一般化。［德］罗伯特·阿烈克西.法：作为理性的制度化.雷磊编译.中国法制出版社，2012.
② 刘凤景.一般性立法的精神与坚守.江海学刊，2016（3）：134-135.
③ 戴津伟."法的一般性"之要求与实践功能研究.江海学刊，2016（6）：153-154.
④ ［英］哈特.法律的概念.许家馨，李冠宜译.法律出版社，2011：20.
⑤ ［奥］汉斯·凯尔森.法与国家的一般理论.沈宗灵译.商务印书馆，2013.对于法的效力的论述文献较多，主要从效力与实效的关系、效力的表现形式等方面加以论述，而从法的一般性方面论述的不多，这方面比较突出的成果应该算是边沁的《论一般法律》第九章《法律的普遍性》。参见［英］边沁.论一般法律.毛国权译.上海三联书店，2013.
⑥ ［奥］汉斯·凯尔森.法与国家的一般理论.沈宗灵译.商务印书馆，2013：75.

普遍的行为约束力，而且，对之服从的行为主体也是普遍的，那么，这个命令就是法，或者规则。反之，如果一个命令只是针对个别行为具有约束力，而且，对之服从的主体也是个别的，换句话说，它所规定的内容对行为，以及人们对其表现的服从，都是特殊化的、个人化的，那么，一个命令就是具体的或个别的"。① 不论是奥斯丁还是凯尔森，都将法律规范和法律判决作了区分，而区分的标准就是法的一般性。罗尔斯也提出，法律的特色就在于其调整范围的普遍性，可以控制大范围的活动。② 富勒认为，一般性相对于其阐述的其他七个法的内在道德是完全不同的，法的一般性的有无关系到法规范的存无问题，而其他内在道德只是关系到法的存在样态。③ 我国学者王人博、程燎原认为，法的普遍性包含普遍性调整、一般性陈述和普遍适用性三个方面。④ 除了这些对于法的一般性的总体性论述以外，在法的效力的一般性的四个方面，也有不少或系统或零散的论述，其中法的一般性属性表达比较突出的有：

1. 就法律效力的空间一般性而言，法律在其制定主体辖制区域内是普遍适用的，法律的适用空间范围一般都是由其制定和发布主体的地域性权限限定的。法律制定主体只能在其权限地域范围内发布法律规范，其制定的法律一般及于全权限范围，但也可以发布限于其权限地域范围内的一定地域的法律，前提是不构成歧视和符合其法律制定权限授予的基础规范。⑤ 这方面的论述文献可以说是汗牛充栋，论述法的效力的文献大都会涉及这一问题。由此还延伸出一个法的效力等级问题，即法的效力等级划分的根据在于制定机关所代表的人民利益的层次和范围，而衡量法的效力等级的具体标准则是制定机关的地位和立法权的性质。⑥

2. 就法律效力的时间一般性而言，一部法律自公布之日起或在法律规范内部、外部确定的特定日期起，产生其效力，并在被新法取代、修订或被特定文件宣布废止前维持其效力。洛克认为，"无论国家采取什么形式，统治者应该以正式公布的和被接受的法律，而不是以临时的命令和未定的决议来进行统治"，⑦ 即临时性命令不属于法律，在时间上违背了法律的一般性要求。另外，

① ［英］约翰·奥斯丁.法理学的范围.刘星译.中国法制出版社，2002：25.
② ［美］约翰·罗尔斯.正义论.何怀宏译.中国社会科学出版社，1988：226.
③ ［美］富勒.法律的道德性.郑戈译.商务印书馆，2014：57.
④ 王人博，程燎原.法治论.山东人民出版社，1989：194.
⑤ ［英］杰里米·边沁.论一般法律.毛国权译.上海三联书店，2013.
⑥ 杨忠文，杨兆岩.法的效力等级辨析.求是学刊，2003（6）：74.
⑦ ［英］约翰·洛克.政府论（下篇）.叶启芳，瞿菊农译.商务印书馆，1964：87.

法律是面向未来的，仅适用于未来将要发生的行为，从而为将来的行为提供方向和行为模式指引。这就要求法律不能溯及既往，不能将现在的法律或者将来的法律适用于往在的行为，这违背了法律稳定生活秩序的基本功能。①

3. 就法律效力的"人"的一般性而言，虽然法律规范仅对特定范围的人课以义务或赋予权利，但就其效力所及范围内的人而言，法律是一种一般性陈述，对规制范围内的人普遍适用，无法外之人，亦无法外之法。对此，西塞罗认为，在法律中不应提出个人例外的要求。②沃尔德伦认为，"普遍性的一个显著应用是，总体来说，我们不允许有个人化的法律；我们没有为特定人设置例外的法律……不应该采用那种个人化的机制。"③从其作用的人的角度出发，还有一个人对于法的普遍服从的问题。对此，亚里士多德就提出："我们应该注意到邦国虽有良法，要是人民不能全部遵循，仍然不能实现法治。法治应该包含两重含义：已成立的法律获得普遍的服从，而大家所服从的法律又应该是本身制定得良好的法律。"④

4. 就法律行为的一般性而言，卢梭认为，"法律的对象永远是普遍性的……法律只考虑臣民的共同体以及抽象的行为，而绝不考虑个别的人以及个别的行为……一切有关个别对象的职能都丝毫不属于立法权力"⑤。保罗认为，在社会生活发生较少的庆幸不会得到立法者的青睐，也不会进入立法。⑥从司法和执法看，"公正和法律的规定，对于个别行为来说，每一条都是普遍的。"⑦这里亚里士多德所说的"个别行为"是指社会中发生的具体行为。

四、法的一般性的价值

对于法的一般性的价值，学者们是有争议的，这源于法的一般性在形式价值和实质价值上的两分。从形式意义的法的一般性来看，法的一般性可以产生社会效益：一是"真正的法典是从思维上来把握并表达法的各种原则的普遍性和它们的规定性的"⑧，是"历史所产生的睿智"⑨的规范性表述，可以产生高

①　［奥］汉斯·凯尔森.法与国家的一般理论.沈宗灵译.商务印书馆，2013：83-84.
②　［古罗马］西塞罗.国家篇 法律篇.沈叔平，苏力译.商务印书馆，1999.
③　［新西兰］杰里米·沃尔德伦.法律——七堂法治通识课.季筏哲译.北京大学出版社，2015：60.
④　［古希腊］亚里士多德.政治学.吴寿彭译.商务印书馆，1965：199.
⑤　［法］卢梭.社会契约论.何兆武译.商务印书馆，2005：46-47.
⑥　［古罗马］保罗.学说汇纂.转引自 E.博登海默.法理学：法律哲学与法律方法.邓正来译.中国政法大学出版社，2004：248.
⑦　［古希腊］亚里士多德.尼各马可伦理学.苗力田译.中国社会科学出版社，1990.
⑧　［德］黑格尔.法哲学原理.范扬，张企泰译.商务印书馆，1982：219.
⑨　［日］星野英一.民法的另一种学习方法.冷罗生，等译.法律出版社，2008：168.

效治理效果;① 二是可以降低社会决策成本,"唯有通过一般化的行为标准,才能够在没有随时发出进一步指示的情形下,让广大的人民能够理解,在某情况发生时,他们应该要做什么。"② 拉兹法律权威理论的三个命题实际上也提出了"服务性权威"作为行动理由的优先性、排他性,认为其免除了"重复计算的错误"。③ 从这一角度论述法的一般性价值的大都是规范实证主义的学者。当然,在一些情况下,规则一般化导致的词语表述引致的结果与规则理由所欲求的目的会存在冲突,使一般化规则的治理效能和成本节约无法实现。④

　　包括自然法学派在内的价值学派则大多从人类追求的主流价值角度来论述法的一般性的价值,而这一点受到了规范实证主义学者的质疑:这到底是通过法的一般性得到落实的法本身的实质价值还是法的一般性自身带来的价值?一是平等。拉德布鲁赫认为,"法律法则在或多或少的程度上总是一般的,它对或大或小范围的人或者事总是一视同仁。虽然法律的专门化可能一如既往地深入发展,但在任何程度上,法律面前平等和法律规范的一般性都是法律的本质。"⑤ 哈耶克提出了平等适用于外人及本群体成员的普遍性正义,将普遍性正义与平等相勾连。⑥ 这是有前提的,"法律面前人人平等,是包含于法治概念之中的。"⑦ 但实际上,必须将公民平等或者叫"法律中的平等"与法律面前人人平等结合起来来理解法律与平等的关系,它既指人们遵守同样的法律,⑧ 也指人们所遵守的法律是平等对待人们的法律。但形式上的法律平等并不一定能带来实质上的法律平等。肖尔对此的论证是,普遍化条款忽视了有意义的区分和差异,事实上将有实质差异的案件按照同类案件处置了,背离了相似案件相似对待和不同案件不同对待的目标。⑨ 二是自由。自由作为一种近代启蒙主义的理念受到所有自由主义者派的一致认同,并将之作为法的一般性着力实

① 刘风景.法治的阿基米德支点——以法的一般性为中心.法学论坛,2013(5):33.

② [英]H.L.A.哈特.法律的概念.许家馨,李冠宜译.法律出版社,2006:119.

③ [英]约瑟夫·拉兹.权威、法律和道德.刘叶深译.邱昭继校.法哲学与法社会学论丛2007(2).北京大学出版社,2008:49.

④ [美]弗里德里克·肖尔.像法律人那样思考——法律推理新论.雷磊译.中国法制出版社,2016:25-31.

⑤ [德]拉德布鲁赫.法学导论.米健译.法律出版社,2012:8-9.

⑥ [英]弗里德里希·冯·哈耶克.法律、立法与自由.邓正来,等译.中国大百科全书出版社,2000:245.

⑦ 刘风景.法治的阿基米德支点——以法的一般性为中心.法学论坛,2013(5):32.

⑧ 王元亮.论形式平等与实质平等.科学社会主义,2013(2):43.

⑨ [美]弗里德里克·肖尔.依规则游戏——对法律与生活中规则裁判的哲学考察.黄伟文译.中国政法大学出版社,2015:158-159.

现的价值。自由尤其受到哈耶克、弗里德曼等新自由主义学者的追捧。哈耶克在其主要法学著作《自由秩序原理》（又译《自由宪章》）以及《法律、立法与自由》中主要论述了自生自发秩序规则特别是内部规则对于自由的养护，而其滋生自发秩序的一个典型特征就是法的一般性。① 洛克认为，"处在政府之下的人们的自由，应有长期有效的规则作为生活的准绳，这种规则为社会一切成员所共同遵守，并为社会所建立的立法机关所制定。这是在规则未加规定的一切事情上能按照我们自己的意志去做的自由，而不受另一人的反复无常的，事前不知道的和武断的意志的支配……"② 黑格尔指出，"那种信奉抽象的观点就是自由主义"。③ 针对即使具有一般性但内容恶劣的法不可能保护自由的质疑，弗雷德里克·梅特兰提出，"公知的普遍性法律，无论怎么坏，与那些事先不知道的规则为基础的相比对自由的干涉都要少。"④ 他们反驳道，即使是再暴虐的法律，如果具有了法的一般性，面对着法所将施予的广大对象也不得不有所收敛，毕竟权力的基础离不开公众意见，完全忽视公众意见和大众舆论的政权和法律的生命终究不会长久。而一旦法具有了一定程度的一般性，就必然会在一般性法律规范下留出大量的自由行为空间。在这些空间里，人们获得自我决断的自由授权。

对法的一般性意义的这些论述的形成既是基于法的一般性的正面意义基础，更是基于人类在法的一般性问题上所遭受的困顿和教训。史彤彪教授认为，历史上为政治（斗争）的考虑，或者为了解决急迫的难题，破坏法的一般性一般都导致了赋予特权或者剥夺权利的恶果。为赋予一个人权利而修改法律，如为使伯利克里儿子入籍雅典，而修改"只有父母双方都是雅典人的后代才算是雅典人，获得雅典公民权"的规定，以及为让西庇阿当上执政官而修改任职年龄的规定⑤。这类例子可能并没有展现破坏法的一般性，而且这两个例子都以下不为例收尾，没有造成进一步的恶果，那么，下面剥夺权利的例子可能

---

① ［英］弗里德里希·冯·哈耶克.法律、立法与自由.邓正来，张守东，李静冰译.中国大百科全书出版社，2000；［英］弗里德里希·冯·哈耶克.自由秩序原理.邓正来译.生活·读书·新知三联书店，1997；［英］弗里德里希·冯·哈耶克.自由宪章.杨玉生，等译.中国社会科学出版社，2012.

② ［英］约翰·洛克.政府论（下篇）.叶启芳，瞿菊农译.商务印书馆，1964：15.

③ ［英］弗里德里希·冯·哈耶克.法律、立法与自由.邓正来，张守东，李静冰译.中国大百科全书出版社，2000：38.

④ Frederic Wlilliam Maitland.*A History Sketch of Liberty and Equality*.Indianapolis：Liberty Fund 2000（1875），p.110.

⑤ 史彤彪.为一个人修改法律.法治周末，2012-08-24.值得注意的是，西庇阿的例子流毒甚广，至今仍是不少掌权者突破任职限制的惯用伎俩。

就有点触目惊心了：一类是古罗马的苏拉为了打击政敌，宣布保民官苏尔皮奇乌斯和马略"不受法律保护"[①]；另一类是为了限制思想，宣布西塞罗、孔多赛不受法律保护[②]。在这两个例子中，被宣布为"不受法律保护"的人都付出了生命的代价。张放则从制定程序、调整方式和适用效力等方面说明了德国通过系统破坏法的一般性而大规模摧残人权的殷鉴，认为法的一般性等法律基本具有重要的价值指引功能[③]。可见，离开了法的一般性，法治的维护以及法体系下人的权利保护都将处于覆巢之下。

五、法的一般性与我国法治

法的一般性在我国法治建设中体现不足的几个突出表现有部门立法、选择性执法、法律的普遍遵守状况不佳等。这些问题都是与法的一般性紧密相关的，是法的一般性在法的制定与法的实施过程中体现不足或者受到抑制的一种表现。如汪燕认为，选择性执法在两个方面违背了法的一般性：一是对执法对象的选择，造成了执法对象不完全；二是作为或者不作为的行政决定不一致，同样情形不同对待。[④] 应当说，这都是对法的一般性的背离。但遗憾的是，将这些现象与法的一般性直接联系起来的文献不多。陈金钊、宋保振两位学者在这方面做了专题研究，在指出法的一般性在中国法治中境遇不佳的基础上，指出特色国情理论、庸俗辩证法和权力思维对于法的一般性的侵蚀，提出了立法和司法方面略施策略。[⑤] 总体来看，从中国视角出发，将法的一般性与我国法治建设联系起来进行研究的文献还十分不足。

六、对现有文献的评价

法的一般性在法规范和法体系中处于基础性地位，而与此相背离的是，相关的法学学术研究并没有对法的一般性进行系统而深入的探究，缺乏对于法的一般性的基本定位。从对既有文献的梳理可以看出，法的一般性的相关研究内容，一是虽然将法的一般性归为法的基本属性范畴，但对于法的一般性在法的基本属性体系中的首要地位没有进行明确；二是十分零散，多是论者在其他

---

① 史彤彪.不受法律保护的先例开创.清华大学出版社，2014.
② 史彤彪.两个不受法律保护的思想家.清华大学出版社，2014.
③ 张放.不法之法——试析纳粹立法对法律一般性原则的破坏.政治与法律，2014（4）：139-147.
④ 汪燕.选择性执法及其治理.中国社会科学出版社，2014.
⑤ 陈金钊，宋保振.法的一般性对法治中国建设的意义.南京社会科学，2016（1）.

命题讨论过程中提及，非常不系统；三是相对单薄乃至于残缺，多是只言片语，没有进一步的阐述；四是有其实而无其名，大多挂在其他研究名目下；五是将法的形式一般性与实质一般性不加区分，导致对于法的一般性的认识特别是意义的认识混乱。学界对于法的一般性是有大致面貌研究的，在诸多方面作了有益的探索和钻研，但多是抓住了法的一般性的一个衣角，给人以普罗透斯之面的错觉。这种错觉导致了法的一般性被肢解成无数破碎且改头换面的新概念与新说辞，而这些新的表述或者本身就是法的一般性的一部分，或者是法的一般性在具体领域的变种，或者是法的一般性的衍生物。这些异彩纷呈而又错综复杂的表述表征了法的一般性是一个异常庞大的体系，也在一定程度上说明了为何对于法的一般性的认识总是难窥全貌。前贤先哲们对于法的一般性所做的富有见识的阐述多为散论，不可谓不多也不可谓不精，但由于法的一般性问题本身的基础性、庞杂性和散发性，难免有无处置喙、言不尽意之憾，总有身处其中不识庐山真面目之感。这些前识先见无疑为后学者开拓进取提供了方向和进路。法的一般性的智识星星点点，成系统、成建制的阐述委实不多①，因而，有必要征名责实，探幽发微，对法的一般性进行系统化的研究，并纠正已有研究中值得商榷之处，明晰法的一般性的内涵、在法体系中的地位以及法的一般性的法规范和法实践的具体机理。如此，才能赋旧邦以新命，发老树之新芽。

第三节　研究思路、研究方法和创新

一、研究思路

对于法的一般性问题的接触，最初主要是在教材中关于法的特征部分的介绍，随着阅读到哈耶克等法治论者对于法的一般性（或曰普遍性）的点滴论述，笔者对于其间对法的一般性价值的论述产生了一种疑惑。而富勒对于法的一般性难题未得到充分讨论的喟叹，将法的一般性问题作为一个法学命题提了出来。一旦将法的一般性作为一个问题进行审视就会发现，如法的效力、法律

---

①　从价值论述方面，哈耶克是做了不少努力的，其著作中一个重要的主题就是一般性法律对于自由等价值的呵护；肖尔的《依规则游戏——对法律与生活中规则裁判的哲学思考》虽然谈的是规则和规则裁判，但主要是谈规则和法律的一般化和普遍化，而不是规则和法律的其他方面，对于一般化的哲学和机理分析较多。

规则的逻辑结构、法的形式属性、法律方法等问题无不本身就是法的一般性的构成部分或者属于法的一般性的衍生体系。一般性是法的首要素质，却主要是作为一个简短的概念和命题无依托地存在着，因而有必要对法的一般性进行体系化的研讨，以展现法的一般性的地位及全景式图像。

在本书的第一章中，笔者从社会主要规范的发展史角度，提出了法的一般性的初步界定，引出本学术论文的研究对象。一般性是社会规范的基本属性，这是社会规范实际发生社会功效、发挥社会功能的要求。也就是说，社会规范在实践中实在地发挥了社会作用，就会对于其规范对象起到普遍的规范功能。同时，如果这种功能发挥得好，规范对象也会反向要求社会规范与规范对象形成一种相对一致、和谐的关系，从而在实质上也形成一般性内容。而通过对原始伦理（道德）、风俗习惯、宗教规范等主要前法律规范的考察可以看出，社会规范的一般性的实质方面与形式方面长期以来一直处于相互重合、协调运作却在逐步分离、分立的进程中，社会规范的形式方面在扩张，而实质方面却在不断限缩。社会主要规范发展到法律规范阶段，法的一般性的形式与实质分离到了嬗变阶段。基于社会规范比较，需要对法的一般性进行范畴界定。而法的一般性在实质一般性与形式一般性的协同关系出现间隙之后，如何重新理顺两者之间的关系，需要进行一系列的相关制度设计与改造。法律规范体系的建构及其内部要素的组合无不需要以法的一般性的这种变化和新特点为基点。

在形式与实质出现断裂之后，法的一般性面临着正当性的基础性责难。为了解决这一问题，围绕法的实质一般性，在不同的历史时期不同的法学流派分别从存在的正当性、根据的正当性、效果的正当性等方面来提出和论证法的实质一般性依然坚实。第二章主要是围绕法的实质一般性的追寻这样一个堂吉诃德式的历程和努力展开。这种冲撞不是无效的，法的实质一般性虽然不如前法律规范那样坚实，但在大多数"正常"社会形态下，法在实质方面还是能够与社会实现大体吻合，因而也能够得到来自社会的支持，对于社会产生有效的一般性形式规范作用的。对于法律规范在实质方面的异质力量以及形式方面偶然的规范违反力量，则需要强制或者暴力来加以矫正。强制或暴力作为法律规范的燃烧之火、发亮之光，无论是规范法学、社会法学还是政治法学都得到了认可，在法的领域，这都是由法的一般性的形式与实质的现实状况所内在决定的。

法是理与力的合成物，这注定了法在实质方面不具有均匀、同一的特质，即使是在"理"追寻方面，自然法等的价值自明性逐渐消减，价值多元主义、相对主义和价值衡量侵蚀着一元价值论的根基。面对这一状况，法治的理论发展史在前期强调实质价值的发展也面临实质性质疑，但法治理论却在起初起实质价值实现的形式方面发现了新大陆，程序法治或者形式法治被镶嵌进法治理论的整体框架，并成为法治理论中凝聚共识、延续法治生命的基层。第三章将承接第二章对于实质一般性的难题，借助法治理论，探讨其对于这一难题的解决方案，提炼出法的形式一般性转向对于法治、法的实质一般性困境的解套效应。法的形式一般性就是程序法治本身的特质，也是法的本身性特质。要保持法治观念的独立意义，维持法治作为一个政治理想的地位，就必然要回到法律本身的一般性上。在这一点上，法治理论摆脱了纷纷扰扰却没有共识的实质价值争议，也以此为基点将法的形式一般性作为法的一般性的专属领域型范起来。

如果说法的一般性形式转向使法治避免了被弃置的命运，那么，就法的一般性本身而言，法的形式一般性的出位则是法的一般性问题研究摆脱了依附于法的内在价值研究的地位，成为一个独立的命题。法的形式一般性命题的独立化有两个意义：一是避免了法的内在价值对于法的一般性的价值的干扰，将法的一般性的实质价值与形式价值区别开来，对于纠正将实质价值直接等同于形式价值的倾向具有重要意义；二是法的形式一般性的独立化有助于将流散在法的其他研究领域而实际归属于法的形式一般性的子项归拢到法的形式一般性的范畴内，从而有利于从一般性方面深化对于这些问题的认识。第四章着眼于法的形式一般性的内容项，从总、分两个角度对法的一般性进行了研究。在总的方面，将法的一般性直接定位为法律体系的统一性，即法作为一个法律体系，其应当保持其意义的统一性和一致性，即此法体系非彼法体系，法体系的内部应该保持和谐融贯。在法的类型化内容一般性的论述上，本章对于法的一般性的内容的探讨在体例上将对一些成熟的讨论范式加以借鉴，在法的一般性的内容类型上按照法的效力类型的一般性思路进行分析，即对"空间""时间""人""行为"四个类型化内容的法的一般性进行阐释。当然，相关阐释是在法的一般性思维下展开的。

法的形式一般性内容明确以后，后续的问题就是如何将法的形式一般性落实到现实的法律规范之中。规范分析和法律方法是规范实证法学的两大内容，法的一般性的技术机制则属于大的法律方法范畴。第五章将从制定机制与实施机制两个方面对于法的一般性的技术路线与具体方法进行详细的探究。在法的制定方面，通过对法的一般性的制定机制与实施机制的论述可以看出，法的构成要素、逻辑结构以及公布制度、法律解释等追根溯源，都是在法的一般性这一法的基本属性的统领之下，为了实现法的一般性的功效、克制法的一般性的弊病而做的必要、有效的技术安排。法的一般性是这些制定机制与实施机制的直接理由的上层理由。法的一般性的技术机制是法的形式一般性内容实现的直接要求，也进一步丰富了法的一般性的框架和体系。

本书第六章主要是围绕法的一般性的价值这一问题展开。可以说，当初笔者的学术论文之所以选择法的一般性这一论题，主要有两个原因：一个原因是不同学派对于法的一般性的差异定义导致的认识混乱局面亟待改善；另一个原因就是法治学派对于法的实质价值向法的一般性的价值的替代化传导论述所产生的价值归属疑问。将真正属于法的一般性的价值清理出来，既有利于学术研究的正本清源，又有效呼应了本书第一章对于法的实质一般性或者说法的一般性的实质内容的探寻。通过对法的一般性与平等、自由及防治侵害等实质价值的关系分析，笔者认为，法的一般性并不与某种特定价值紧密捆绑在一起，而至多是一种相较而言更紧密的亲缘关系，法的一般性作为一种简省机制，对于实现未定目标只是具有更佳的促进作用和实现效果。如果说法的一般性有实质价值的话，那就是效益和秩序。但需要明确一点，这个效益和秩序都是相对于法的一般性所委身于法而言的，不具有价值评判性。

二、研究方法

首先本书主要采用了历史研究法，从纵深的发展角度对主要社会规范的发展演进、法学流派的更替接续以及法治理论的发展史等方面对法的一般性的成长、嬗变的阶段性特征进行展示。通过对法的一般性在上述方面的历史进行整理和挖掘，可以系统性地描画出法的一般性的整体面貌，发掘出法的一般性的发展脉络及演进原因，避免断章取义，从而形成法的一般性的系统性、整体性观点。

其次采用了比较研究法。历史研究法含有很明显的比较研究法的特点，比较研究法需要借助历史研究等方法来形成比较的基础。通过对法的一般性的这种历史考察，既明晰了社会领域法的一般性作为法的特征在法的不同发展时期的实际面貌，也呈现出了在法学领域不同阶段、不同法学家关注的法的一般性的不同问题。这样一种对法的一般性在不同阶段的比较性研究，可以达到不同阶段规范一般性或者法的一般性的相互审视效果。这种反差往往能呈现真问题，并且异常醒目。

本书采用的第三个研究方法是系统研究方法。本书的前几章主要采用了历史研究方法和比较研究方法，主要在于将问题导向法的（形式）一般性，之后对于法的（形式）一般性的研究则主要采用了系统研究方法。由于法的一般性的基础属性的性质以及对于法的一般性本身界定和研究的模糊，法的一般性虽然具有法规范的基石作用，但受其涵摄与统领的子项已经被安排在其他法的部分之中。因而，要将法的一般性的法学知识重新整合起来，需要借助系统研究方法搭建法的一般性的整体知识框架，继而将各子项知识归拢和安置到知识框架的相应部分。搭建法的一般性的整体知识框架，是本书所要研究的一个学术目的。

三、创新之处

法的一般性作为法的一个基本属性得到广泛认可，但长期处于一种存而不论的境地，这导致了关于法的一般性知识的简单化与碎片化。这样的一种理论研究现状是与法的一般性在法体系中的地位严重不相符的。因此，对法的一般性进行全面和深入的探究十分必要。在综合已有的研究成果的基础之上，本书力图在以下几个方面有所创新和突破：

1. 对法的一般性在法属性体系中的基础地位进行了确认。现有的对法的一般性的研究状况实际上多是从一个方面说明法的一般性作为法的一个基本属性，并且对于该属性地位局限于提出而失之于对其地位进一步阐发，即没有指出法的一般性在法的属性体系中的精确定位。法的一般性除了通过法的效力这一要素体现在法体系中，还有很多原则和制度也将法的一般性涵括其中，法的一般性是整个法体系组织和运作的首要属性。本书主要通过社会规范发展演化、法的一般性与法的其他属性的关系及法的一般性对法体系的组织运作的影响等角度对法的一般性的首要地位进行论证，明确其在属性体系中的首要性。这样既确认了法的一般性的属性地位，也说明了法的一般性首要属性地位的缘由和基础。

2. 对法的一般性的知识体系进行了系统化解读。已有的研究成果已经对法的一般性的概念进行了多元化的解读，但既有共识，也有差异。这种现象不利于对法的一般性的理解，很多情况下也没有全面体现法的一般性的全貌，还会对法的一般性在法体系中的地位和作用的理解产生影响。本书意图对已有的关于法的一般性的概念解读进行梳理整合，并予以系统化、体系化，从而形成一个比较完整的法的一般性的意义知识体系。

　　3. 对法的一般性的价值混淆问题进行了澄清。形式价值和实质价值的关系非常紧密，常常纠结在一起，以致对于价值的认识产生混淆，将实质价值和形式价值混为一谈，特别是容易因某种形式价值与实质价值的现实亲缘性将外赋的实质价值与某种形式联系起来。在法治语境下对法的一般性的价值研究也具有这一特点，导致脱离法治语境一般化地将法的一般性与某些实质价值联系在一起。该论文力图说明法的一般性作为一种简省机制对于实现未定目标具有促进作用，其适配于各种类型的法，工具性意义大于价值性意义，可以服务于实现多重价值目标，但其并不直接关注实现目标的正义性。

第一章

一般性的成长与嬗变：
社会规范演进的路径考察

　　正如哈特所言，"什么是法"是一个恼人的问题，法学思想家们围绕这个问题聚讼纷纭，从不同角度、运用不同智识形成对于"法律是什么"的不同解答。以该问题为起点，旁枝蔓延，大体形成了自然法学派、规范分析法学派和社会法学派三大派别。在著名法学家哈特、富勒、德富林、德沃金之间展开的三大论战，究其根源还是论者对于"法是什么"的理解不同。我们应该客观地看待这一问题，这些法学流派都是从一个选定的预设立场和角度出发，对于"法是什么"进行了探究和阐发，在其论域内也做到了理论的自洽。各大流派虽然不能找到一个具有共识性的论述起点，但还是会在各自的理论预设指引下将有关问题推向深入。如所谓的"越偏激，越深刻"，所看到的只是法知识的普罗透斯的一面，在深刻的同时必然伴随着谬误。对于这一问题，首先要承认，基于事物本身的复杂性、社会发展的流转性和作为观念建构主体人的思想不可通约性，要完整而准确地回答"法是什么"这个基本问题十分困难。但与此同时，任何学科的讨论与推进都要有一个前提，就是必须建立一个学科共同体可以沟通讨论的基本出发点，界定好概念范畴，进而展开交互性的学术讨论，从而避免自说自话。对于法学研究和实践而言，这个基础和出发点就是关于"法是什么"的共同认识。明确、统一的研究对象是法学作为一门学科得以确立的最基本条件，也是法学知识得以生产和累积的最初始的资源。

　　下定义的方式主要有两种，一种是种加属差的定义方式，另一种是发生学的定义方式。严格来说，发生学定义是种加属差定义的一种类型，只是发生学定义的基础是产生，而种加属差定义的基础是存在。从这两个定义方法出发，对于"法是什么"进行探究主要也是围绕法的基本属性、种属差异以及其产生过程来进行。对于"法是什么"这一问题，通过对与法律规范邻接的相关概念进行分析比较，从发生学角度来考察法律规范与"前法律规范"之间的承继赓续关系，进而提炼出法律规范的特征，是一条可行的路子。这可以从源头上回答在法学领域很多作为共识存在，却无法纯粹从法学领域加以说明的问题，如法的规范性的依据问题，从"前法律规范"的角度来理解就可以获得有益的启发。

虽然自然法学派、规范分析法学派和社会法学派各自的立论基点不同，但对于"法是一种社会规范"还是有着基本的认知共识的。人天生是一种社会性生物，无往而不在社会生产、生活网络之中。为了维持社会秩序，维护人类生存的必要条件，社会运行内在地要求配置必要的社会规范。社会规范是一个属概念，法是社会规范的一个种概念。在群体概念中，一个概念的意义最终要在与关联概念的比较中呈现出来。因而，要认识法概念，应确定其在社会法规范体系中的参照物，并对法在整个社会规范体系中的地位有所界定。

一个社会的社会规范种类和发达程度是与该社会的整体状况相匹配的，什么样的社会就会生成什么样的社会规范。按照规范功能学派的观点，社会的需要是社会规范生成的基础触发力，一种社会规范存在于特定社会形态中必然对于其存在的社会具有某种功能，其地位的重要程度也由其功能对于特定社会形态的维持功能决定，并与并存规范一起维持社会的良性运转。在不同的社会形态下，社会规范的种类和形态会有不同，笔者下面大体按照主要社会规范的发展历程，关注前后相继的主要社会规范之间的延故鼎新的关系，通过对主要的社会规范进行整理，并概括出其主要功能和特征，以之作为分析法的参照物来解释法的特征，整理法的概念，从中也可以看出一般性作为社会规范的基本要素是一个得以一以贯之但又演化差异的要素，也正是因为一般性的变化才导致了社会规范的结构和组织方式的差异。法作为一种社会性规范，与其前社会规范的最大区别就是，在法的社会场景中，一般性很大程度上丧失了"前法律规范"场景中实质一般性与形式一般性的一致性，二者发生了分离。这种分离导致了"前法律规范"的心灵规范路径在法律规范场景中不再具有充分有效性，行为规范路径转换以及配套的强制规范方法的引入等就成为一种现实需要。为此，法的一般性作为一种基本要素的成长与构造就成为法律规范体系构造的中心议题。下面对于主要社会规范演进的探讨，旨在展现法律规范在整体的社会规范演进路径中继承下来和新生起来的内容，作为进一步展开法的一般性的基础。

第一节　原始伦理（道德）是社会规范的初始形态

一、原始伦理（道德）与共同体

伦理（道德）是一种"意识形态"，是对于人与人、人与社会、人与自然关系的一种意识性行为规范。伦理偏重于他律性质的义务性规范，道德偏重于自律性质的倡导性规范。伦理（道德）作为一种内向型社会规范，其形成的环境需要借助情感、服膺等思想意识要素的滋养。在人类社会形成之初，基本的社会组织是以血缘、亲缘为纽带的，原始社会初期人的主要生活、生产活动是亲缘合作。如果说现代的社会规范处理的是人人关系、人群关系、群群关系和天人关系等繁复的关系体系，那么原始社会初期人主要的生活圈子在氏族的范围内主要是一种同质性的、稳定的亲属间的人人关系，以及由此衍生出的人与共同体、人与自然的关系。氏族与现代家庭不同，虽然主要以血缘为基础，但为了生存而结成的类似大家族的成员关系已经超出了血亲范围，即使是血亲关系，其血脉链条在氏族发展后期也已经足够长，以至可以漠视这一联系了。氏族已经是一个小型的社会形态了，更近血缘成员组成的家庭并不像之后出现的典型的宗族伦理结构那样在社会结构中占有中心地位。那一时期不稳定的婚姻家庭形式、母系亲属制与父系亲属制的争夺等都影响着家庭在整体社会结构中的地位，更为重要的是，那一时期社会的组织只是借助了血缘这一纽带，其最核心的链接要素是在艰难危险环境下最本能、最底层的生活、生产乃至生存的现实压力。人类学以及动物社会学的研究都表明，无论是基于生物遗传多样性的需要，还是借助竞争手段实现的社会组织成员的新陈代谢（特别是组织群体首领的侵入式替代），在动物界和人类社会发展早期，血缘在很多情形下会被忽视。

对于这样一种社会形态，可以用滕尼斯的"共同体"来称呼，其社会特征也可以用滕尼斯对于"共同体"特征的修正表述来概括：（1）"共同体"是一种初始基于生物的生存、遗传等先天本能自然形成的人类血缘、亲缘结合体，并在后天结成亲密无间的、隔绝排外的生活结合体。（2）共同的生活场景与无时无刻的相互依存关系塑造了共同体成员之间坚实而浓厚的情感，塑造着共同的价值观、人生观、世界观和相互义务意识。共同体的联结纽带是血缘、感情，而这恰恰是伦理（道德）作为行为规范形成的最佳条件。血缘以及因此而形成的共同生活天然地塑造了一种命运共同体，在这一命运共同体中，共同的生活在意识中累积、固化，在意识方面就表现为组织成员之间共识性的相互要求。这种意识上的相互要求在共同体环境下直接与现实生活连接在一起，违背这种要求引致的对于个人、共同体的严重生存后果以及与之并行的群体意识压力，使这种意识上的相互要求具有了很强的实现要求，这种意识上的相互要求就成了社会规范。原始伦理（道德）在原始社会初期的"共同体"中形成有其必然性，此时形成的社会规范只能以伦理道德为基底。涂尔干认为，"社会成员平均具有的信仰和感情的综合，构成了他们自身明确的生活体系，我们可以称之为集体意识或者共同意识。"①笔者认为，这个集体意识或者共同意识就包含了伦理（道德）的成分，或者说主要是伦理（道德）。与此同时，占主导的义务意识和义务需求足以压制不利于乃至伤害共同体的行为和思想意识，非强制性的意识规范也足以应对共同体内的越矩行为。虽然从社会整体看，权利与义务总量是平衡的，但在原始社会初期乃至整个原始社会，恶劣的生存环境使得共同体成员的权利义务交流始终处在共同体的遮蔽之下，除了出于感情的甘愿付出之外，共同体对于成员义务履行的刚性需求始终是一个重压，成员对于共同体及其他成员义务履行的需求对于需求者更是生死攸关、至关重要的。情感的本能和生存的压力就是原始伦理（道德）的履约保障机制，并且十分有效。在原始社会初期，在这样一个自发结成的血缘、情感共同体中，处理人际关系的主要是内在的以情感为基础的伦理道德。

原始伦理（道德）作为一种社会规范在具有稳定社会联结的同质性小社会是十分有效的，是一种低成本的社会维护手段，因而从最初的血缘伦理（道德）拓展到地缘伦理（道德）、业缘伦理（道德），在现代社会依然是主要的社会规范类型。当然，也是由于伦理（道德）初始的养成条件已经大部分被瓦解了，其生成方式也从养成式变成了培育式，现代社会的伦理（道德）的规范力也就相应地减弱了。

二、原始伦理（道德）的规范性

原始伦理（道德）的规范性最主要的是伦理（道德）给诸多社会规范嵌入了一个核心要素：规范性。规范性是伦理学、法学等学科研究的中心概念

---

① ［法］埃米尔·涂尔干.社会分工论.渠东译.三联书店，2000：42.

之一，在伦理学中，规范性是指从价值、理由等角度所说的当为性；在法学领域，除了价值、理由等角度所说的当为性以外，还有必行性的意思。一个规范性判断包括规范判断和指令判断两个部分，指令判断依据规范判断作出，规范判断的理论来源则较多，可以依据目的、功能等作出。[①]休谟提出，"是"与"应当"是两个截然不同的两个问题，一个关涉价值领域，一个关涉事实领域，从"是"不能推导出"应当"。这就是"休谟难题"。对于"是"与"应当"是不是截然两分的，从事实能否推出价值，法学界尤其是伦理学界做了丰富的研讨，对于"价值"的本质、来源问题和"价值"与"事实"的联通问题也取得了有说服力的成果。道德判断与情感主义、道德判断与规约主义就是其中对于"价值"与"事实"沟通提供的两条说明路径，也为规范判断的得出提供了最接近于原意的理由支撑。表面上看，情感主义与规范的当为性具有较为明显的联系，规约主义与规范的必为性具有更密切的关系，实际上，从源头来考察情感主义与规约主义，可以发现两者的区别并不是那样截然两分。

　　现代法的规范性，除了借助暴力、强制等方式在具体意义和一般意义上实现之外，很大程度上还借助将合法性与合理性、正当性等价值评判等置在一起，来获得一般意义上的自愿遵从性。法要得到有效的实现，直接借助的是法的体系配置的有效运作，实现法之必行；深层次借助的却是对于法的信仰，实现法之当行。法的信仰的作用机制，就是借鉴了伦理（道德）的作用机制。道德的感召、意识形态的诱导和同侪的压力等，都对法的实现起着匡正、润滑作用，极大地降低了法律制度的运行成本和运行阻力。有德性的法多是运行高效的法，原因即在于此，这也是绵延至今的法学研究一直关注法的实质价值的原因所在。法的当为性指向的规范性在这方面无疑是对伦理（道德）进行了借鉴的。

　　与之相关需要提示的一个问题是，法治后发国家通过移植方式将法治发达国家的整套法治照搬过来，却并不一定获得法之法治发达国家的法治效果，其重要原因就是法治发达国家民众对于其法治的仰服并没有同步移植而来，此法治的德行与彼法治的德行相互抵牾。因而，要提高法律移植的效果，要么进行移植目标国的法律文化的整体改造，形成后天的文化、伦理道德适配，要么进行文化圈内的法律移植。

---

① 刘松青，韩东晖．新亚里士多德主义论规范性的本质．道德与文明，2017（3）：80-81.

第二节 风俗习惯是人纯正社会化后的社会规范

一、从"论心"到"论迹"

如果说在氏族生活阶段，人与人之间的关系是基于稳定博弈而形成的报偿性关系、场景性关系，至少到部落阶段，因为血亲的生物本能以及紧密的生活生产协作关系结成的社会关系已经变得不再那么牢靠了，加之外在的非亲缘关系的加入，单纯的亲属、伙伴伦理（道德）已经不敷用了，伦理（道德）的变异种也随之产生。血亲组织作为一种社会控制手段存在，已经发生了功能变异，由于感情、历史或者社会目的还存在着，纪律的有效性虽然存在，但已经弱化了。[①] 社会化真正开始后，亲缘关系和生活生产的关系固化状况不复存在，与之相伴的稳定的"心照不宣"的心理预期变得不可捉摸。伦理（道德）从缘起上说，是一种小圈子社会规范，在紧密关系情形下会更有实施力度和精度。在纯正社会化之后，社会规范需要实现一种从"论心"到"论迹"的转型，需要从封闭的对话模式转向开放的稳固模式。恩格斯认为，"在社会发展到某个很早的阶段，产生了这样一种需要，把每天重复着的生产和交换产品的行为用一个共同规则概括起来，设法使个人服从生产和交换的一般条件。这个规则首先变现为习惯，后来变成了法律。"[②]

风俗习惯作为一种演进中的社会规范，具有以下两大特点：一是规制对象从思想转向了行为，即从"论心"到"论迹"。正如前面所述，伦理道德是亲属组织内部养成的心灵规范，追求内化于心，外化于行，发之于中，必行于外。对于"心"及"中"的认识，很大程度上是一种情感感受，无法量化，也没有办法精确定义。随着社会组织的扩展，亲属组织内部对于伦理道德的识别、评价机制，变得既不廉价也不有效了。从风俗习惯到法律规范，其维持的都是社会维持的基本条件，从这个角度讲，都是粗疏、简略的社会规范机制，其关注的只是也只能是行为。承接这一点，风俗习惯在很大程度上已经摆脱了行为主体点对点的对话互动模式，开始按照社会一般意义上理解的适用于社会组织整体的社会规范的意义进行行为。社会规范的识别脱离了行为主体通过对话反复确认的模式，个体的社会行为主体不再对其参与的社会行为适用的社会

[①] ［美］罗斯科·庞德.通过法律的社会控制.沈宗灵译，楼邦彦校.商务印书馆，2010：12-13.

[②] 马克思恩格斯选集（第2卷）.人民出版社，1972：538-539.

规范具有决定性的解释权利，而只是保有参与性解释权利，对于社会规范的解释权大部分转移到了抽象的社会共同体和具体的社会组织体之中。

二、风俗习惯的执行机制及其规范区别意义

道德性规范具有规范持久、适用范围广、牢固性强等优点，但也有作用对象规模小、依赖性强、运行难度大等缺陷。风俗习惯作为伦理道德的继承者，在保留原有社会规范生成的内在心理机制的基础上，也根据社会组织的兴替做了相当大的改进。风俗习惯的生成机制、作用机制从根本上说，还是心理方面的，是伦理道德规范的升级扩大版。因而，在增加了外在因素、客观要素的同时，风俗习惯也面临着伦理道德同样的宿命。社会规范意义的模糊和不确定性消解着风俗习惯的规范性，风俗习惯执行机制特别是制裁机制的非权力化、非正式性在道德情感约束日益弱化的背景下更是摧毁性的。法律人类学家对于初民社会的调查研究也说明了这一点，违反风俗习惯乃至杀人越货等严重暴力犯罪也时有发生。[①] 而对于风俗习惯的执行难题以及外在强制对此的参与，在社会规范的意义上可以说为法的产生做了一定的功能主义召唤和必要的实践铺垫。

也正是因为这一点，对于风俗习惯的规范性质认识，法学界是有争议的，即使在法律人类学内部也没有统一认识。作为泛法律主义的主要力量，诸多法律人类学者将相当部分的风俗习惯归入了原始法律的范围。马林诺夫斯基就认为，受到以互惠服务的同等认同和互相依赖为基础的特定社会约制力机制制裁，包含一个人的义务和另一个人的权利要求的社会规范就是法律。[②] 对此，笔者比较赞同霍贝尔的观点：法律与其他社会规范区别的形式条件是，透过一个社会授权的机构或者当权者，合法地使用物理强迫。[③] 韦伯也认为，通过专门人员施加身体或者心理上的压力维持的秩序才是法律，以此区别于道德、习惯等社会规范。笔者认为，虽然对于法律的定义不需要一律遵从西方学者基于欧美场景对于法律的定义，在考虑历史发展个性的同时，需要借助所界定的法律概念对于当下的现实具有解释力，并与历史具有一定的融贯性。即使在现代社会中，也依然存在着一般社会规范与法律相区隔的现实需要。因而，对于国

---

① 具体论述参见霍贝尔对于其考察的五个典型初民社会的暴力犯罪情况的描述。[美]霍贝尔.原始人的法.严存生，等译.法律出版社，2012.

② [英]马林诺夫斯基.原始社会的犯罪与习俗.原江译.法律出版社，2007（"法律的人类学定义"章节）.

③ [美]霍贝尔.原始人的法.严存生，等译.法律出版社，2012.

家是不是法产生的必要条件，是可以争论的，但将法规范一律地混同于一般社会规范，对于认识法、认识非法社会规范都将产生认识上的困扰和实践中的难题。

第三节 宗教规范是一种人为建构社会规范的有益尝试

一、人为建构对于社会规范的侵入尝试

对于社会规则是建构的还是自我生成的，基于观点不同可以分为理性建构主义和经验进化主义。从对道德规范和风俗习惯的论述来看，可能经验进化主义的成分更大一些。实际上，人类从产生之初就在自身所获取的稀薄知识的基础上尝试着增加对于自身命运和生存境况的改善。宗教规范就是这样一种起源悠久，并在现代社会中持续承担角色的由精神至行为的社会规范物。宗教规范从其历史发展来看，大致可以分为粗鄙的原始宗教和精致的精神宗教两大类。宗教规范与伦理（道德）、风俗习惯的最大不同是，作为一种社会规范其生成方式已经脱离了社会的自我调节范畴，将人的意识和理性因素运用其中，成为了一种意志性社会规范。为什么说宗教规范是一种建构性的社会规范呢？因为宗教规范与现世规范不同，其与社会现实具有相当的距离，即使借助了现实中的事物，也已经将其意义化了。宗教规范不再只是一种实存性社会类型模板的规范性表达，而更倾向于表达一种理想型社会类型模板。宗教规范可以称之为"模范性"规范。其通过塑造一种理想人格或者理想社会形态，来围绕着这种理想人格或者理想社会形态的实现进行思想的规范和行为的规范。就原始宗教而言，典型形式就是以图腾崇拜为代表的祖先、先王崇拜，这是权威的最初源头。另一分支则进一步发展为精致宗教（宗教神学），对于理想社会的描述演化成宗教教义。实际上，自然法学派在脱离了自然主义之后就是借助于对理想社会和哲学王的描述进一步发展的，而以奥古斯丁和阿奎那等为代表的宗教自然法学派，以及随自然法复兴而起的新宗教自然法，都是在理想社会形态这一支原始宗教的正当性论证路径上发展起来的。

二、宗教规范的对象指向

宗教对于社会的规范主要是心灵、精神的引导，通过心灵的规整来达致

行为的规整，借用富勒的概念，宗教规范主要属于愿望的道德。如果说伦理道德作为一种社会规范，从感情角度出发为社会规范注入了最底层的规范性，那么宗教规范则从更抽象的角度、更宏观的层次再次为规范性注入养分。现代所说的规范性，其中一个来源就是宗教规范所定义的规范性。伯尔曼在《法律与宗教》中提出，法律必须被信仰，正是因为宗教赋予了法律规范性和精神性，法律才获得了必要的神圣性。经常被追问的法律的正当性、权威性也是法律神圣性的一个变种和另类表达。

虽然原始宗教萌发于对"灵异"自然社会现象的演绎重组，但宗教规范是一种建构主义规范，其对于权威的树立，以及围绕权威进行的意识建构、话语建构、程式建构都在社会规范中开风气之先，为法律规范的建构树立了典范。法律规范除吸收了宗教规范的权威理论、信仰理论外，法律规范的表达、逻辑更是从宗教规范中获益匪浅。特别是罗马法复兴之后的阶段，法律规范借助中世纪经院哲学中保存的古希腊、古罗马法学思想中的理性、逻辑成分快速成熟起来。可以说，自然法学和实证分析法学都分别汲取了宗教规范中的有益成分，从中都可以看到宗教规范的影子。

除了上述宗教规范对于社会秩序的精神规范和引导之外，宗教规范对于现实的社会生活也有实在的规范。最典型的就是禁忌。禁忌就是基于某种神秘的原因，禁止亵渎"神圣"的器物、神灵，禁止接触"不洁的"人、进行不洁的行为。在初民社会，禁忌包括自然禁忌和社会禁忌。自然禁忌主要是为了避免生活、生产中可能遭遇的未知危险，将危险源加以观念性指示后形成的规避。宗教规范中的禁忌或者通过宗教形式形成的禁忌一般是社会禁忌。如果说自然禁忌是先民在生活、生产过程中对于不可解释的自然危险现象进行的断然性标志，那么社会禁忌多是借助神秘化方式对于重要社会关系的禁止性保护。而神秘化的主要方式就是将社会禁忌纳入宗教规范中，在一定意义上讲，社会禁忌就是宗教规范，对于原始宗教而言更是如此。禁忌属于勿为性质的禁止性规范，而早期法律特别是刑事法律主要是禁止性规范，因而许多学者将禁忌视为法律的源头。由此推论，宗教规范也是法律的源头。

宗教规范是从规范人的精神世界起源的，但作为一种建构性的社会规范，除了其本身的性质限定外，设计者对于宗教规范的期望和构想也决定了宗教规范的作用范畴。随着宗教规范的典范化、制度化和实质化，宗教规范实际上早就越出精神世界的界限，原始社会、奴隶社会的原始宗教对于社会生活介入至深，宗教加持政治的"君权神授"观念、政治正当性标配的"以德配天"都是行之有年的观念；欧洲中世纪时期，君权与神权持续斗争，宗教裁判所也作为一个正式的社会建制深度介入社会、政治领域。可以认为，宗教规范是法律规范产生之前，设计最精密，运作最有效，涵盖范围广泛的一类社会规范。法律规范承继了宗教规范的诸多优良基因后，在后期的规范竞争中才勉力取得优势，成为了社会的主体规范之一。从持续至今的法律规范与宗教规范的竞争中可以看出，宗教规范作为一种社会规范是理性建构出的非理性物，理想型目标在具有感召力、凝聚力的同时，必然不具有持续力和亲和力。法律规范完成从"天上之城"到"地上之城"的场域转换，有针对性地对规范一般性进行充实和改造，是社会规范发展的下一个接点。

第四节 社会规范一般性的嬗变：法律规范的登场

社会规范是社会现实的映照物，社会规范产生于特定社会，由其所产生的社会塑造成型，在成型后又会反过来强化和规范由之产生的社会。法律规范产生之前的社会规范，主要是伦理道德、风俗习惯和宗教规范（主要是原始宗教规范）这三种类型。其产生和形态在不同的社会形态中没有一个同一的轨迹，从宏观的一般角度看，社会规范的发展具有如下三个特征和发展趋势：一是社会规范越来越实质化，其内容的明确性越来越清晰，从对话模式向稳固模式过渡，规范的形成与意义越来越脱离于具体的场景，规范的社会场景越来越抽象；二是社会规范的调适范围趋向于扩大化，从血缘集体扩大到地缘集体、生产（生活）集体，规范对象的同质性降低，异质性显著提升；三是人的意识对于社会规范形成的参与从潜意识转向了有意识，社会规范的意志成分在社会规范中越来越显著。伦理道德、风俗习惯和宗教规范（主要是原始宗教规范）在社会规范的大类里属于同一类别，三者的效力都有赖于其作用对象对于规范的认同和膺服，属于自组织、自调节的范畴，因而笔者将其命名为自规范。而上述三个属性发展到临界点后，社会规范必然发生类别差别性质的嬗变，他规范时代就会降临，法律规范就是一种典型的他规范类型。伦理道德、风俗习惯和宗教规范作为一种社会规范在其适用领域还会发生作用，社会规范种类之间不是一种相互替代的关系，而是一种协作关系。在他规范时代，同质性关系还会存在，甚至还会产生新类型的同质性关系，自规范也会随之发展，但在社会集体扩大的大背景下，社会集体容纳的异质要素占有的比重大大提升。

一、形式与实质分立：对于异质社会的规范回应

规范社会异质要素的社会规范要维持社会联合，要旨就是保护和塑造对于社会联合至关重要的社会公共要素，维持社会的凝聚力。法律规范作为继自规范而起的他规范类型，从社会历史发展的现实看，无疑起到了维持社会联合的功能。法律规范依然会像自规范一样对于整体社会起规范作用，但与自规范类型不同的是，法律规范本身不再是单纯源自社会的反映物，法律规范与社会事实之间不再具有自规范那样的亲缘关系。在大社会系统中，整体社会的自我组织能力是在下降，社会规则自生自发的社会系统运转得愈加吃力，规则生成能力和规则维持能力受到很大的制约；而脱胎于社会但越来越意欲掌控社会状态而不再单纯地顺应社会的社会规则制定阶层在法规规范形成过程中的主观参与性的分量越来越重，其制定的法律规范在反映一般性的社会事实的同时越来越带有局部性。因而，法律规范在具有社会规范一般性的共性的同时，其一般性越来越形式化，在不少场景下成为了一种为了凝聚"社会团结"而特意营造的社会意象。因而，法律规范作用的机理与自规范类型产生了差异，其依然是一种社会性规范，依然会对其规制的整体对象产生效力，却不再具有规制对象对于社会规范如自规范一样的认同性和遵行自觉性。

作为一种社会规范一般性的赓续，法也具有一般性，但法的一般性与自规范类型的一般性产生了一个根本性的差别：形式一般性与实质一般性的分离与并立。（1）法的形式一般性与实质一般性的分离。在前述的三种自规范的成长和发展历程中可以看出，其作为一种规范很大程度上是社会实质一致性的一种反映，在表现形式上也同态地具有了形式一般性。实质一般性与形式一般性共时性并存，实质一般性是形式一般性的渊源，形式一般性附着并服务于实质一般性。因而，在自规范类型语境下，实质一般性和形式一般性是一种简单的伴生关系，结合方式较为单一。实际上，实质一般性与形式一般性具有亲缘关系，但二者并不是一种紧密共生的关系。一般来说，实质一般性在地位上具有优越于形式一般性的地位，实质一般性多对形式一般性具有相当的牵引作用，具有实质一般性就在很大程度上具有形式一般性。法作为一种他规范形式，与自规范形式的一个重要区别就是实质一般性与形式一般性的区分和错位，其对反映对象和规范对象的涵摄和归摄是一种不完全的整理。作为一种规范制定者或者发现者参与程度极高的活动，法律规范的制定和发现无论如何力求实现法律规范与社会现实的对接，都会发现二者之间横亘着一个不可逾越、不可忽视

的规范制定者或者发现者。"活法"理论、法律现实主义等理论无疑都指出了规范制定者、发现者或者实施者在法律形成、运行过程中的显耀地位，有所差异的无外乎是对于这种地位的凸显程度罢了。法律规范所涉及的各类主体对于法律规范运作的积极参与，是法律规范得以成为一种异质性社会统一规范的外在条件，同时，这一外在条件在参与进来之后也极大地改变了作为一种社会规范的法律规范与其之前产生和运行的社会规范的承继性和延续性，即法律规范依然在形式上保持了作为社会规范对于社会对象的整体一般规范性，但这种规范性的内在依据却发生了根本性变化，不再依赖于规范与规范对象的本质一致性。建基于建构主义的大陆法系的法律规范自不待言，通过法律规范的人为建构来引领社会发展被认为是理性主义的当然要求，即使是立足于生成主义的英美法系的法律规范，其所声言的法律规范的自我生长和呈现都在法律规范发现与选择阶段变得言不符实。社会场景和社会要素日益丰富是社会发展的内容、要求乃至发展动力，鸡犬相闻、老死不相往来的小型社会即使得以维持也只能是作为一个更大的社会单元的一个微结构来存在，家庭、家族以及一系列因为单一要素连接起来的社会结构在自组织体系之外也不得不按照以法律规范为代表的大社会规范来与自组织体系之外的其他组织体产生联系并维持共存关系。一言概之，法律规范虽然保持了规范形式上的一般性，但其在内在根据上已经与社会实际相互脱离，已经不再像其前规范那样直接地来源于社会实际并反映社会实际了。（2）法的形式一般性与实质一般性的并立。法律规范作为一种外在参与属性突出生态下的社会规范，改变了自我融洽型社会规范固有的生成和运行逻辑，人以及人的意志要素在很大程度上影响乃至主宰着社会规范的运作。其中的一个重要表征就是法的形式一般性与实质一般性的相对脱钩，法的形式一般性与实质一般性不再是相对固定的一一对应关系，而是形成了多种质与量的对应组合形式，国家法与习惯法、公法与私法等法的类型划分除了鲜明地体现了其划分依据外，在形式一般性与实质一般性关系方面也有所体现。但是，不论法的形式一般性与实质一般性如何分离，完全割裂二者联系的情形并不多见，并且，在法的实质一般性日益消解的背景下，通过形式一般性来"偷换"或者替代实质一般性，或者借助民主、"同意"等来再造实质一般性，已经成为了一种弥合形式一般性与实质一般性分歧的主要路径。这一努力弥合的原初动力无疑与法的形式一般性与实质一般性相对分离所造成的规范运行阻滞有关。形式一般性与实质一般性相互吻合是社会规范的一种理想状态，处于这一状态的社会规范的运行也是最顺畅的，但从人类学家的考察看，即使是在原始社会等社会状态下，也依然会存在反对自社会生发出来的社会规范的主体和行为。法律规范作为一种差异于源自社会内部的社会规范的类型，其规制的主要对象除了规范疏忽者之外，就是对于法律规范的异见者和脱逸行为。这与法律规范之前的社会规范类型以社会引导为主要功能是一个很大的差别。而异见者与脱逸行为的社会性存在本身就表明了法律规范的实质一般性并不像诸多情形下所宣扬的那样瓷实。而法的实质一般性与形式一般性的契合程度又影响着法律规范的运作效果，如果说法的形式一般性体现的是规范意欲实现的规范效力，那么法的实质一般性则从基础层面决定着具有形式一般性的法的实现社会支持力。因而，即使是在法律规范的语境下，形式一般性与实质一般性在很大程度上实现了分离，形式一般性得到增长，而实质一般性受到抑制，但形式一般性与实质一般性的亲缘性并未被割断，形式一般性的实现也越来越依赖于实质一般性的回归。现代政治与法律对于民意、民主的推崇就是在追求一种最低限度的实质一般性，传媒与教育的一大功能也是力图塑造一种社会共识与团结。社会暴力的设置与运用则从反面加强和巩固着法的实质一般性。因而，法的实质一般性与形式一般性的相对分离是一种社会发展的硬性结果，但实质一般性与形式一般性的协作却是两者相对分离之后需要着力解决的后续问题。在法的实质一般性方面，可以通过科学立法、民主立法等方式，力求使法尽可能地吸纳和反映全面的社会内容；在法的形式一般性方面，可以通过对法的层级的设置和部门法的划分等，尽可能弥合形式一般性与实质一般性的客观冲突。

二、法的一般性的初步提出

在变化了的社会场景中，法作为社会规范维持异质社会联合的内在机理是什么？笔者认为，根本在于法具有"自己"的一般性。法的一般性与之前的社会规范所具有的一般性的差异就在于，法律规范的社会基础层面的实质一般性的消减与法律规范范围层面的形式一般性的扩大形成了冲突和矛盾，实质一般性与形式一般性在一定程度上产生了既区隔又共生的复杂关系。如何协调和安置实质一般性与形式一般性的关系也构成了整个法律规范体系设计的基础性命题，很多烦扰和难题也都根源于两者之间关系安排的难题。笔者认为，可以提出的第一个难题就是，如何认识法的一般性问题。这个问题的提出，笔者认为有两个缘由，一是法的一般性在整个法律体系中的地位问题，这关系到诸多法律制度和法律规范设计的基础，很多具体的法律问题进一步追溯，都会追到法的一般性问题，只是由于联系链条的延伸没有注意到罢了；二是法的一般性在实质和形式方面既联系又区隔的复杂关系，导致概念和理解的混淆和讹误，如法的一般性的界定和价值等问题的争议大多源于此。

1. 要把握法律规范的规范区隔性特征，需要从法的基本属性出发，对于法有一个基本的定位。富勒认为，法律是一种使人类行为服从于规则之治的事业，而一套使人类行为服从于规则之治的系统所必须具备的素质就是有规则存在，这就是法律规范的一般性要求。[①] 如果如富勒所言，一般性就是要求有规则存在，那一般性是所有规范包括社会规范的标准要件，法律规范作为规范的一种，具备一般性就不足为奇了，也不足以作为一个法律规范区别于其他社会规范的基础特征了。富勒将法的一般性列为其所界定的法律内在道德的首要位次，足见其对于一般性的重视。与此同时，富勒在认识到一般性难题在法理学界没有得到充分讨论的情况下，对于法的一般性的论述又是如此简略，笔者认为这也许是"大象无形，大音无声"的体现吧。实际上，富勒所列的其他法的内在道德都可以找到一般性的影子，或者说，其他内在道德都是一般性的衍生产物。规范的一般性本质上是一种用一般代替全体的简约机制，是人类发展到一定程度时，面对纷繁复杂的不确定性，意图运用已经掌握的不全面的知识来概括事物和指导行为的努力和尝试。因而，一般性确立得越彻底，其配套的设置就要越丰富。确实如此，法的一般性与之前的社会规范的弱一般性相比，其一般性特征包含了如此丰富的内容，从而形成了一个以一般性为建构基底、立柱架梁、相互勾连的法律规范体系。法的一般性，在众多学者看来属于立法学技术问题或者程序问题，笔者认为，法的一般性问题远不止于此，如程序与技术问题都会在相应领域存在一个实在的根据，也就是何为一般性的问题。概言之，法的一般性包括何为一般性、为何一般性（理由一般性）和如何一般性（技术一般性）等诸多方面。后面会对这几个问题进行展开的讨论，而通过对这些问题的展开讨论可以发现，法学所讨论的诸多核心问题都被归拢进来。这也从具体制度层面进一步佐证了法的一般性的基本属性地位。

2. 具体说来，什么是法的一般性？不得不说，这一问题的产生与法的一般性的实质与形式的分立有关。虽然法的实质一般性与形式一般性都被冠以法的一般性的名头，但二者的差异是如此巨大，以至于很难放在一个范畴下加以研讨，这也导致了法学界对于法的一般性的理解迥异。法的一般性，亦称法的

---

① ［美］富勒.法律的道德性.郑戈译.商务印书馆，2005：55.

普遍性①，是一个在法理学教科书中作为法律规范的特征②或者作为法治的形式要件③被普遍提及的概念，乃至于在一些部门法教科书中亦会被经常提及。笔者在提出自己对法的一般性的界定之前，认为有必要对学界对于法的一般性认识的两个方向做一个简单的梳理。

法的一般性作为法的一个特征或者特性屡屡被提及，但十分尴尬的是，这种提及多数情况下是被作为一个概念进行概括性的总结，或者附加地再进行一下简短的解释，当然这些解释已经足以呈现出法的一般性的主要面貌了。总体来看，对于法的一般性的认识可以分为两大类。

一类是将法的一般性作为法的特征来论述，并对法的一般性进行了阐释。按照这一思路对法的一般性进行阐释的比较有代表性的观点有，朱力宇教授提出："法的普遍性具有两层含义：其一，法作为一个整体，在一国全部领域内，具有普遍的约束力；其二，在现代社会，要求平等地对待一切人的普遍性，即法律面前人人平等。"舒国滢教授认为："法的普遍性，也称'法的普遍适用性''法的概括性'，就是指法作为一般的行为规范在国家权力管辖范围具有普遍适用的效力和特性。具体而言，它包含两方面的内容：其一，法的效力对象的广泛性，在一国范围之内，任何人的合法行为都无一例外地受法的保护；任何人的违法行为，也都无一例外地受法的制裁……其二，法的效力的重复性。"哈特认为，法的标准运作形式也是具有普遍性的，"一方面，它指出某种普遍的行为样态，另一方面，它适用于一般大众。"④首先需要指出的是，朱力宇教授与舒国滢教授、哈特在这里虽然都从法的特征来论述法的一般性，但朱力宇教授的论述除了法的一般性的形式属性外，其第二点明显具有实质一般性的色彩，而法的实质一般性的境况则是随时代变化的，法律平等更是现代法治状态下的一个因子。因而，从法的特征角度来提出法的一般性问题，其对于法

---

① 在中文文献中，"法的普遍性"的使用率要远远大于"法的一般性"的使用率，但笔者认为，作为一个概念，"法的一般性"要优于"法的普遍性"，理由有二：一是在英语文献中，对于这一概念使用的是 generality，而非 university；二是普遍性一词在国际法学中又大量使用，而国际法学所说的普遍性是一个与国家性、地方性相对的概念，有放之四海而皆准的普世价值的意蕴。而法的一般性的语境则要宽缓很多，承认法的国家性和地域性，对于例外的接纳也更宽容。当然，在句子表述中，如"普遍适用"可能更加达意和符合语言使用习惯。

② 张文显.法理学.高等教育出版社，北京大学出版社，2007：77；朱力宇.法理学.科学出版社，2013：18；舒国滢.法理学导论.北京大学出版社，2011：33；周农，张彩凤.法理学.中国人民公安大学出版社，2007：15.

③ 葛洪义.法理学.中国政法大学出版社，2012：214；朱景文.法理学（第三版），中国人民大学出版社，2015：98.

④ ［英］H.L.A.哈特.法律的概念.许家馨，李冠宜译.法律出版社，2011：20.

的一般性的界定多局限于法的形式一般性，即使在其内部对于法的形式一般性的具体内容的说明并不一致。从法的属性或者特征角度来界定法的一般性，就需要脱离于法在不同时空的具体样态，将其相对恒定的部分凝练出来，因而从形式性角度出发来界定法的一般性多能得到关于法的一般性的共时性认识，也能从宏观的法的角度认识法的一般性。

另一类是将法的一般性作为法治的形式要件来论述。比较有代表性的观点有，朱景文教授将法的一般性列为"法治"的第一项形式要件："法律必须具有一般性。法律的一般性是指法律是针对社会中的一般人而非特定人设定的行为模式，这些行为模式是将个别、具体的行为概括提升为法律上一般性的权利、义务和责任规则，从而使之具备被普遍和反复适用的特性。因此，法律一般性既包括法律制定内容上的一般性，即针对一般的人和事，又包括法律适用上的一般性，即法律面前人人平等。"葛洪义教授在其主编的《法理学》中列有"法的现代性因素"一项，第三小项为"法的普遍性"，"是指法律不能针对具体的个别的人，而应调整一般的人的行为。它的最基本的价值内涵就是法律面前人人平等。每个人，无论种族、性别、出身、宗教信仰、财产状况，在法律面前一律平等。同事同处，同罪同罚，任何人都不能享有凌驾于法律之上的特权。""法治"这个词的起源甚早，但作为一个包含价值意蕴的词汇，其含义一直处于流变之中，现代"法治"与古希腊"法治"的含义可以说相去甚远。一般所指的"法治"如无特殊说明一般是指现代法治。因而，如果从法治的视域看待法的一般性一般会产生两个大的问题：一是对于法的一般性的认识具有局限性，不可以作为一个通识性知识来使用；二是容易将法的形式一般性与法的实质一般性混淆，特别是容易将法治语境下的一些实质价值归属于法的形式一般性，或者将法的实质一般性的具体方面与具体实质价值混同，产生"价值具有价值"等类似的逻辑。国外以及国内的诸多法治论者在谈到法的一般性价值时所出现的错讹多与此有关，由此引发的疑问就是这到底是法治的价值还是法的一般性的价值。

虽然从语言表述上看，两者大同小异、互有交叉，但两者的基本立场是有差异的，前者认为法的一般性是一般意义上的法所具有的，偏重于法适用的形式普遍性；后者将法的一般性作为现代意义上的法或者法治意义上的法才具有的特性，除了强调法的形式一般性外，偏重于强调"法律面前人人平等"与反特权这样一些实质价值。笔者认为，法的一般性确实具有形式意义上的"法律面前人人平等"的意涵，但却与现代意义上的实质平等并无关联。特别是在法治的语境下论述，没有特别说明的话，容易引起法治实质价值向形式价值的传递误解。

法的一般性在形式上的表现，确实在实质价值方面与平等具有亲缘性。法的形式一般性原本只是一个技术指标，却带来了现代社会最为珍视的平等的副产品，虽然只是形式平等。只要法的形式一般性被严格落实，就必然会在法的形式一般性所能够囊括的范围内产生形式平等的效果。但是需要注意的是，仅仅是形式平等。现代意义上的实质平等所要求的同等情况同等对待，不同情况不同对待并不是法的一般性的产物。实际状况是，在不同的社会发展时段，法的一般性是在等级制的基础上发挥作用的，这样的法的一般性与平等的联系只能在同一等级内才有意义。拉德布鲁赫认为，"法律法则在或多或少的程度上总是一般的，它对或大或小的人和场合总是一视同仁。虽然法律的专门化可能一如既往地深入发展，但在任何程度上，法律面前平等和法律规范的一般性都是法律的本质"。① 拉德布鲁赫的这一论述在肯定"法律的专门化"的前提下，也只是相对主义地肯定了法的一般性与平等的关系。因而，只能说，实现平等需要借助法的一般性，但法的一般性并不必然导致平等。申言之，法律中平等、法律前平等和法律的一般性是互为条件、互为支撑的生存群落。违反了法的一般性，一般会导致特权，平等就得不到保证；反过来说，遵守了法的一般性能保障形式平等，但可能导致弱势被欺凌。

综合上述著述中的有关"法的一般性"的定义，笔者认为，从法的形式一般性角度界定法的一般性具有更大的普遍适用性，将其界定为"不针对个别而特殊的事件和行为立法，法是针对社会中的一般人而非特定人、针对社会一般事件和行为而非特殊事件和行为而设立行为模式"② 是一个具有较大可接受性的选择，这也是法的一般性的原初和规范意义。在此基础上，其可以细分为以下两个内容：（1）空间的一般性。法是一种抽象、概括的规定，它针对的对象具有广泛性，适用于大量同类的事或人而不是个别的、特定的事或人。其所规范的人和事就是经过抽象后形成的抽象人格和要素化的事件类型。在其效力范围内，任何人的合法行为都要无一例外地受到法律的保护，任何人的违法行为也都无一例外地受到法律的制裁。（2）时间的一般性。法在其生效期间是可以反复适用的，而不是只适用一次就完结。法可以重复适用于同样人的同样行

---

① ［德］拉德布鲁赫. 法学导论. 米健译. 中国大百科全书出版社，1997：7.

② 上述理解是基于众多教科书以及著作中对于一般性的解说，大同小异。这也说明，对于法的一般性的意涵是有共识的，其内容相对确定。

为和同样事实。因而，法是针对社会中普遍发生的人的一般行为而制定的，不是为某一特定事项、行为，也不是为某一个特定的人而制定的；法在其有效期间内持续有效，不是只适用一次就失去效力。

本章基于主要社会规范发展的历史演进，展现了在社会场景及其构成要素变化的背景下，不同社会规范为了实现社会规范功能而进行的一些适用性修正。发展到法律规范这一规范形态，法律规范与之前的社会规范相比，虽然依然力图实现对于规范范畴内对象的辖制，但社会场景及其构成要素变化导致法律规范与其规范对象之间产生了罅隙，也使法律规范不再可能单纯采用之前规范主要采用的导引式规范方法，而必须同时加大力度引入强制这一规范实施方式；也不再可能采用对话模式来明晰法律规范的意义，而必须引入稳固模式进行立法、法律解释和确立司法、执法程序。征诸根本，规范的实质一般性与形式一般性的协同关系在出现间隙之后，如何重新理顺两者之间的关系，需要进行一系列的相关制度设计与改造。法律规范体系的建构及其内部要素的组合无不需要以法的一般性的这种变化和新特点为基点。这一章旨在突出这种法的一般性的特征，提出法的一般性在法的属性中的基础地位。另外，作为本书的论述中心，将法的一般性作为一个概念提出来，也有利于在后续的论述中有一个相对统一的范畴限定。当然，这一概念性论述只能是限缩的初步引出性认识，具体的阐述将在后面的章节进行条分缕析，因而本章对于法的一般性的论述相对比较简单，未做具体展开。

第二章

法的一般性的外在证成：
法的本质理论

　　每一种前法律规范都给法律规范留下了弥足珍贵的规范遗产，法律规范的诸多特性都可以在前法律规范身上找到影子，并得到更为切实和有说服力的解释。无论是基于历史的惯性，还是作为承继者的资质要求，法作为社会规范虽然不需要另起炉灶，但作为反动者也要具备对已有社会规范进行改造的能力，需要根据时移世易的环境进行适当的适应性变革。在社会整体环境及其要素产生巨大变化的情况下，法具有的这些反动特性也必然具备足够的差别识别性，从而将法与其他社会规范区别开来，从而有资格被命名"法律规范"，而不是已有规范的一个变种，而对于这些特性的综合也足以给出法律规范的基本形象。前面笔者已经提出，这种区别就在于法的一般性与自规范的一般性具有本质的差异：形式一般性与实质一般性既并立又分离的纠缠关系完全不同于之前两者的相互覆盖关系。这种纠结的关系表现为"相杀"和"相爱"两个方面。法产生于异质性较大的社会，法的实质一般性的根基受到很大的侵蚀，社会层面一致的价值观和共同的行为模式不复存在，而法作为一种主要的社会规范又不得不维护其形式上的一般性。作为一种社会规范，形式一般性是衡量其社会规范地位的一个检验性、底线性指标。社会规范的规范地位构成要求具有相当水准的形式一般性，形式一般性丧失到一定水平就意味着社会规范地位的名不副实。与之相反，实质一般性则在很大程度上只是决定着社会规范的质量水准，而不能决定社会规范的地位存否。在法所由之产生的世界和时代里，法律规范的内容与实际社会之间不再是社会反映论特别是镜像理论所描述的那样，是相互对看的关系，诸多社会要素不再是法律规范的支持要素，而是法律规范的对抗要素。法的形式一般性要求将规范整体覆盖于社会要素，包括对抗要素。这就在形式一般性与实质一般性之间产生了冲突。形式一般性对于实质一般性支持力度的要求是有一定弹性的，但形式一般性有赖于实质一般性的支持，实质一般性的状况影响乃至决定着具有形式一般性的社会规范的实施效果，形式一般性与实质一般性脱离到一定程度必然导致一种变态的社会形态和规范形态。因而，即使是在实质一般性衰减的社会，社会规范必然会提出形式一般性的要求，也会要求尽可能得到高的实质一般性支持。与之相同，法律规范除了尽力寻求社会的最大共识以增加社会联合的黏度，即提升实质一般性本身以外，其大多依然会宣称其实质一般性具有其意欲"塑造"的理想型社会或者实存社会的共性。法律规范作为意识形态的一个因子，其既是特定人群的所体认的社会观念、社会价值观的表达，也会具有本能的对外宣扬功能和思想整合功能。而这一方面主要就体现在实质一般性领域。因而，一部法学思想史主要是一部各大法学流派探求法实际是什么、应当是什么并给出形形色色答案的答卷。对于这一问题的回答，类似于对于法的实质性概念的回答。具体到法的一般性方面，法依然在寻找一个在实质性方面论证其与社会实在具有亲和性的理由，从而将其对于社会整体进行规范的行为（即形式一般性）进行正当化说明，进而争取更大范围的社会支持，消减实现的阻碍。对于社会规范而言，如果说形式一般性相对于实质一般性其生命力更强的话，那么转换到形式一般性与实质一般性的关系上来，则不得不说，形式一般性更加依赖于实质一般性，实质一般性更加具有根本性。因而，法学家们也更加乐于探讨法的实质性问题，对于法的一般性也更加乐于探讨法的实质一般性问题。但不得不说，法的实质一般性或者法的一般性的实质理由问题是一个随环境变换答案不断变化的客观问题，也是一个因认识视角、研究工具、立场等差异而见仁见智的主观问题。综合来看，对于法的一般性的实质方面大体有以下路子。

第一节　法的正当性证成法的一般性的理路

法与其他主要自社会自然生成的规范有很大的不同，法在其诞生的年代，生成了一个与自然社会相并立的社会公共领域，成为了一个大社会，并且其规制的对象也越来越具有异质性。为了适应这样一个社会状况的变化，法将一般性扩展到了尽可能大，以涵摄尽可能多的社会关系。这种规范一般性的延展在带来好处的同时，抽象的社会规范与社会母体的亲和力和沟通性已经大大降低了，这只是其中的一个后果而已。如果说伦理道德、风俗习惯乃至原始宗教于社会而言还是个实在物的话，法律规范则更像一个观念物。法与社会生活直接性的距离拉大，导致在社会学科和社会实践中，法的正当性变成了一个经常被提及的概念。"正当性"概念追问的是具有正当性的对象何以具有某种地位或者权力（权利）。得位正则其令行，得位不正则其令不行。法律规范表象所呈现出来的指令判断属性，并不能替代对于法律规范深层次的规范判断追问。法的正当性问题一直是法学研究的元问题。对于法的正当性有以下几种解释。

一、"存在"的正当性

一种是经验主义的解释，试图将法描述成一个伦理道德、风俗习惯等的等同物或者同类物，从而用伦理道德、风俗习惯等来论述法的正当性。这一解释模式认为，法得到了其规范对象的有效认可，这种认可可以是习惯性的遵从，也可以经过意见收集程序得到共识或者同意，法的制定只是一个社会要素的提取过程。这在习惯法、民间法以及现代的民主立法中得到充分体现。这可以称为"存在"的正当性。黑格尔在《法哲学原理》中提出：凡是合乎理性的东西都是现实的，凡是现实的东西都是合乎理性的。习惯性的遵从是诸多社会规范形成的基本途径，究其本质来说就是一种共同意见的经验式形成程式，其本身并没有表达明确的社会意见。通过习惯性遵从形成的既成社会规范之所以得到其规范对象的认可，其中心问题就是博弈与社会规范的生成问题。小型社会具备多人重复博弈的基本场景和条件，其间博弈对象的行为趋向稳定，最终达到纳什均衡点，社会利益处于最佳状态，博弈对手的行为也趋向固定化。这种固定化行为模式在小型社会中被社会成员所预期，就形成了惯习、礼俗等社会规范，如果进一步得到法律权力机构的确认就成为习惯法或者制度法。英美法系的普通法是经验主义的产物。英国的法官在司法实践中收集、整理、适用各地的习惯法，借助判例制度，辅之以"遵循先例"原则，形成了一套可供法官查询、选用的判例系统；美国至今还保留着由民间制定模范法典，经由立法机构采纳后成为正式法典的制度。博弈论对于初级社会规范的形成很有解释力，但博弈论的实现需要严格的适用条件，还可能出现逆向选择问题。就习惯性遵从而言，其形成的社会意见有可能是基于群体性懒惰而形成的一种盲从，也可能是基于社会压力对于特定意见的伪从，还有可能是由于信息错配导致的意见表达错误，这都可以被归入博弈逆规范的范畴。排除殖民状态下的法律传播，世界大部分国家采用的是成文立法的模式，这也可以看出借助博弈进行法律规范创立的条件周全性实现难度较大。经验主义的法正当性解释模式简单有力，即使在现代社会立法中也将经验主义作为法订立的基本原则，以此来对法赋值。经验主义体现在民主立法和科学立法两个方面。民主立法是指由经民众推选的民意代表作为立法主体主持和推进立法，这些民意代表在立法中又要返诸推举其作为民意代表的社区、团体进行意见汇集。这一机制很大程度上保障了待立法律规范能够最大限度地关照社情民意，最大限度地连接社会实际状况，消减现代立法活动的建构主义色彩。科学立法也绝不是简单的专家立法，法律规范的结构搭建和法言法语表述等专业技术问题需要借助专家进行，建立科学的民意沟通确认机制和科学的田野调查方法并付诸实践也是科学立法的题中应有之义。阿尔蒙德认为："如果某一社会中的公民都愿意遵守当权者制定和实施的法规，而且还不仅仅是因为若不遵守就会受到惩处，而是因为他们确信遵守是应该的，那么，这个政治权威就是合法的。"① 为何如此？一个主要因素是现代立法中包含的经验主义要素相当大程度地对建构主义的精英立法进行了祛魅化处置。民主就其原始的意义而言，就是一种表达意见、做出决策的方式，行动性大于意见性，程序性大于实质性，只是后来被实质化为一种实体权利。现代政治中，民主的正当性不取决于决策结果的正确性。

　　一般认为，实证主义法学派对于法正当性问题是存而不论的。笔者认为，无论是奥斯丁直接从"主权者的命令"起论，还是凯尔森用"基础规范"这一康德式概念粗暴地打断对于就"基础规范"性质以及对其根源进一步的追问，都可以归结为实证主义法学家对于法律规范事实"存在"解释力的确信。无论是排他性实证主义还是包容性实证主义，实证主义法学家都不将道德性作为法律规范正当性的来源或者主要来源。拉兹的社会命题的核心含义是，法是社会的产物，法是什么与法的实际状态如何都是一个社会事实问题。② 接续社会命题的道德命题进一步论证，法与道德的联系和偶然性的，法的存在就是一个社会事实，法律即使宣称拥有道德权威，事实上也不见得拥有道德权威。相反，法作为社会的基本规范，具有对其规范进行评判的权力，其他规范需要从法律规范这里寻求正当性。包容性法律实证主义对于道德进行适当的安置，排他性实证主义在论证中也会涉及部分道德问题，但总体而言，法律实证主义不认为法律的概念必然包含道德价值，或者认为道德进入法律领域也不是法律的组成部分，或者称其为法律机制化的道德。纯粹法力图保持法的纯正性，其内在机理就是用法律规范的社会事实存在来解释法律规范的正当性，这何尝不是另一

① ［美］阿尔蒙德，鲍威尔. 比较政治学——体系、过程和政策. 曹沛霖，等译. 上海译文出版社，1987：35-36.

② Joseph Raz. "Legal Positivism and the Sources of Law"，in his The Authority of Law: Essays on Law and Morality，Oxford：Clarendon Press.1979，p.38-39.

种形式的经验主义解释模式呢。

自然法发展后期，面对着价值相对主义和价值多元主义的冲击，亟须一种新的理论论据来证成自然法的理论自洽性。以菲尼斯、马里旦为代表的一批新自然法学家引入了实践理性来论证自然法的正当性，实现了从思辨理性到实践理性的转换。这不是一个新路径，在论证和解决"休谟难题"的过程中，已经有大量的学者转换到实践理性这一理论上了。康德提出纯粹理性和实践理性的概念，并给它们分别设定了相应的适用领域。法律是一个高度实践性的领域，实践理性与法律具有高度的契合性。波斯纳认为，"就法律而言，实践理性的特殊意义在于，它可以高度肯定地回答一些伦理的问题。"[1]在法律领域遵循实践理性不仅没有问题，而且实践理性在法律领域适用具有首位度。对于实践理性在法律领域的具体表现，马里旦就认为，发生作用的常态是确立合适和不合适行动、正当和不正当行动的一条分水岭。[2]菲尼斯认为，现实中发生和存在的行为、习惯和实践态度就是"明智而合理的秩序"的实存状态和真相。[3]自然法的这一转向将关注的重点从抽象的理性的人以及先验性的人本价值转向了具有社会利益需求和社会道德感情的现实的人，将人在日常生活中的行为倾向、行为选择、行为模式作为了判定法律规范正当性的依据。实践理性是一个对经验主义内在机理很有说服力的理论机制。

二、"根据"的正当性

另一种则是规范主义的解释。这种解释模式认为，法是否具有正当性要看其是否合乎某种先定的价值规范体系，经历了一元价值阶段和多元价值阶段，而多元价值阶段又衍生出了价值分类和衡量要求，之后又出现了价值相对主义。这可以称为"根据"的正当性。

法律是一种社会意志的表达，是一种意义的生成物，包含有强烈的思想成分。对于这种意志的确切内容和成分，每一个时代、每一个社会都有不同的解读，人言人殊。但不论其内容为何，法的制定者都会诉诸于一个超越政治权威乃至超越现世的更高级的自然体或者意志体。这个自然体或者意志体从古至今历经自然理性、神意、公意（人的理性）和自然权利的流变，现代社会则随着实质自然法的失坠使程序开始上位。无论这些自然体、意志体的形式是什

---

① ［美］理查德·A. 波斯纳. 法理学问题. 苏力译. 中国政法大学出版社，2002：96.
② ［法］马里旦. 人和国家. 霍宗彦译. 商务印书馆，1964：83.
③ John Finnis. *Natural Law and Natural Rights*. Oxford University Press，1980，p.88.

么，也无论他们的内容是否相同，但都有一个稳定不变的东西，那就是法律出自一个一般性的自然法则或者普遍意志，这个自然法则或者普遍意志是如此的普遍，以至是包罗万象、普度众生的。法作为这样一种自然法则或者普遍意志的规范表达，必然服从性地继承或者说有责任来落实这种一般性。沃尔德伦认为，"道德哲学家们将这个普遍性的要求与道德、合理性相关联。他们认为，如果你要对某人或某事作出一个道德判断，你的判断就不能仅仅建立在那个特定的人或那件特定的事的基础之上，否则，这个判断就是武断的。这个判断必须以这个人或这个行动的某种特征为基础——某种关于他们的所作所为的东西，某种另一个人或另一情形下大体上也可能为真的东西。换句话说，这个判断必须以某种可以表述为普遍性命题的东西为基础。"①

元伦理学家会将一般性原则与理性、道德联系起来。布罗德指出："伦理学的第一个问题就是阐明伦理判断的性质。"② 而道德判断最为重要的两个性质就是真理性和一般性。除了极少数的学者（如元伦理学中的情感主义，他们认为道德判断是纯粹的个人情绪、感情和态度）之外，道德哲学的主流意见认为，道德判断一个最基本的特点就是可普遍化。道德哲学上的可普遍化就是一般性。在黑尔看来，对所谓可普遍化可以做出这样的一种界定："作出一个道德判断就是说，如果另一个人处于相同的境遇，就必须对他的状况作出相同的判断。"③ 也就是说，"一个人说'我应该'，他就使自己同意处在其环境下的任何人应该"④。那道德判断为什么具有可普遍化的特性呢？黑尔认为，核心在于道德判断的规定性，正是道德判断规定性决定了其可普遍化的特性。黑尔认为二者具体的结合过程如下："让我们把认为道德判断是可普遍化的论点称之为 U，把认为它们是一种规定性的论点称之为 P，现在，关于道德判断的描述特点有两个论点需要仔细加以区分：第一个较强的论点（D）是：道德判断是一种描述判断，即它们的描述意义穷尽了它们的所有意义，这就是描述主义；第二个较弱的论点（D'）是：尽管道德判断在它们的意义中可能拥有别的因素，但道德判断确有描述意义。我想确定，P、U 与 D' 三个论点都是相互一致的……D' 蕴含着 U，P 与 D' 是一致的，因为说一个判断是规定性的，并不是说规定意义是它带有的唯一意义，而只是说它的意义是在其他因素中带有

①　［新西兰］杰里米·沃尔德伦．法律——七堂法治通识课．季筏哲译．北京大学出版社，2015：60.

②　［德］施太格缪勒．当代哲学主流（上卷）．王炳文，等译．商务印书馆，2000：501.

③　R.M.Hare.*Freedom and Reason*. Oxford：Clarendon Press，1963：48—49；17—18.

④　R.M.Hare.*Essays in Ethical Theory*. Oxford：Clarendon Press，1989：179.

这种因素……我想表明的是，P 与 U 的结合足以建立道德的合理性，或有说服力的道德论证的可能性——重要的是……P 远不是建立这种道德合理性的一种障碍，实际上它是建立道德合理性的一种必要条件……D 确定与 P 不一致，因此，那些描述主义者认为否认 P 是必然的……道德哲学的主要任务是表明 P 与 U 是如何一致的。"① 在黑尔的理论中，道德判断是普遍性和规定性的统一，道德判断的规定性决定了其必然需要可普遍化，而道德判断的可普遍化又是只有通过规定性才能发挥其调节行为的作用，二者是不可分割的。

那么，如果说道德判断具有可普遍化的特性，那么其具体又是如何普遍化的呢？约翰·L.麦凯指出，"道德判断是可以普遍化的。只要是认真地说某一行为（某一个人、某一事态等）在道德上是正当的或错误的、善的或恶的、应当的或不应当的（应该被仿效或追求的），那么任何人都会对其他相关的类似的行为持相似的观点。"② 也就是说，道德判断必须是在所有相关的类似情况下展开的。

道德判断不是任意的，其必须在普遍化的命题中得到表达，不是仅仅依赖于某个人或者某件事，而是必须依赖于某个人的或某个行为的某些特性，而此种特性原则上必须可以适用于另一个人或者另一个场景。除非我们能够指出两个情况之间具有十分明显的区别，否则就必须适用同一种推理。法律作为一个规范化的规定，其与道德判断具有同样的性质。

现实中，法的制定者为了证明自己所制定和实施的法的正统性也大多会诉诸于某种形而上的根据。正如孙国华教授所提出的：法是理与力的结合③，强制性是所有法的一个共性，但在对法的内容具有高度共识的社会中，法的强制性多被隐藏，法所包含的理才是凝聚社会向心力，维持社会运转的核心要素。一个靠强力维持的社会，其社会管理和运行成本必然是高昂的。即使像纳粹那样的极端和极权政权形态也要给自己贴上代表日耳曼民族利益的遮羞布。所以，没有一般性的内在理据做支撑的法是没有在一定区域内普遍实施的道德或者知识基础的，其生成、发展和维持都是不可持续的。

规范主义的解释事先设定了一个先验的价值规范，并将完美体现这一价值的法律规范设定为"自然法""神法""永恒法"等名目。价值自然法实际上脱胎于伦理学，古希腊的苏格拉底、柏拉图和亚里士多德的著述主要是围绕

①   R.M.Hare.*Freedom and Reason*.Oxford：Clarendon Press，35.
②   J.L.Mackie.*Ethics*：*Inventing Rightand Wrong*［M］.New York：Penguin Books Ltd，1977：83.
③   孙国华，黄金华.法是"理"与"力"的结合.法学，1996（1）：3-6.

着"美德""善""正义"等伦理学大词展开的，关于社会的论述也主要是政治学意义上的，如"政体""哲学王"等。其关于法律的论述多是承接在伦理学、政治学之后的论题，也主要发生在其学术生涯的后期。这一时期关于法律的论述具有鲜明的伦理特性，鲜少涉及具体的法律问题。这一时期的法可以称为伦理法，亚里士多德提出的"公共善"以及分配正义、矫正正义的正义两分法等不仅在当时是法的核心论题，后世的价值法学直到现在还在汲取其中的营养。这一时期提出的命题都具有宏大的特点，因脱离具体论域而具有强大而持久的包容力。

如前所述，宗教规范是一种发自心灵而达于"神"外的规范体系，也具有对外拓展规范范畴的内在欲望。特别是在罗马帝国崩溃后，神权在与政权的竞争中获得优势，这种欲望或者抱负更具有了现实吸引力。神学法学家一直在继续发展神学经义和宗教规范的基础上，力图创造一套容纳世俗法的神法体系，从而将触角进一步延伸至社会。为此，神学法学家在世俗法之上创造了"永恒法""神法"的概念，以之来评价和约束世俗法。奥古斯丁将法分为"永恒法"和"世俗法"，托马斯·阿奎那把法律划分为"永恒法""自然法""神法"和"人法"，凡此种种。需要说明的是，神学自然法学派开始是将自然主义自然法中朴素的"自然神"——"不"可识的自然规律加以人化，并趋向于理念化、精神化、理性化，并且他们深受自然主义自然法学派特别是古罗马法学家的影响，虽然托马斯·阿奎那宣称，永恒法乃是"上帝的统治计划"，是指导宇宙中一切运动和活动的神之理性和智慧，[①] 但这个神意还是带着普遍自然的气息，也体现着人类社会统治规律的人文气息。阿奎那将理性、逻辑注入神法，使神法的论述趋向哲学化、体系化，但也正是这两个要素哺育了古典自然法学派，使宗教自然法走向没落。新经院主义自然法在坚持中世纪经院思想的基础上，继续发展广泛而抽象的原则，以实现对具体的法律规范的规范和评价，降低了对世俗法律的介入程度。神学自然法在其构建之初是具有自然法世俗化倾向和实践的，以期将神学自然法置于世俗法律之上的方式，驾驭世俗法律来介入世俗事务。作为一个副产品，神学自然法也间接地承担了将世俗法神圣化的职能，神圣化也是正当化的一种形式。

将人的生活神圣化只能作为一种理想生活起到引导、提升作用，在社会生活中落实必然让"一般人"不堪其累。从天上回到人间，回归人的本性成为

---

① ［美］E.博登海默.法理学：法律哲学与法律方法.邓正来译.中国政法大学出版社，2004：31.

一和需要，把人性作为规范的正当性说明依据被古典自然法学派所采用。古典自然法学家将人性表述为理性。近代经典自然法学派的代表霍布斯指出："法就是某种正确的理性，而正确理性因为与人其他的天赋或心灵的激情都同样是人的自然的一部分，所以也可以说是自然的。因此，自然法的定义是正确理性的指令。"[①] 卢梭认为，"存在着一种完全出自理性的普遍正义"。[②] 现代自然法哲学家哈里斯则指出："法是普遍的和永恒的……它是通过理性来发现的。"[③] 对于如何在人类社会实现这种来自理性的普遍正义，卢梭认为只有通过法律，而这样的法律只能是结合了"公意"的一般性。古典自然法学家，如洛克、卢梭、霍布斯等，一般以自然状态起论，在社会契约理论等的论述范畴内，人的生命权、财产权、自由、平等等"自然"权利性内容被提出和论证，法律规范的设计就是为了有效保障这些自然权利。从总体上看，社会契约论者（无论是霍布斯、卢梭还是洛克）所设想的自然状态不同，但采取的解决方法都是达成社会契约，而社会契约的最主要特性就是某种公意的达成，通过公意再遴选出需要保护的权利类型。例如，洛克从基督教义出发，论证了生命的宝贵性、不可剥夺性、不可处置性，认为生命是"全能和无限智慧的创世主的创造物"，"不由他们彼此之间做主。"[④] 对于人的可贵性的全面表述，最经典的论述出自康德：人是自身的目的，不是工具，决不把人这个主体单纯用作手段，若非同时把它用作目的。康德"杀死了上帝"，将人的地位提升到了目的地位，并赋予了人为自己立法的权力。康德对法的定义是，法律就是那些使任何人有意识的行为按照普遍自由原则确实能与别人有意识的行为相协调的全部条件的综合。[⑤] 可以看出，不论是古典自然法学家还是唯心先验主义论者，都是从确立人的主体地位出发，对人的权利（无论是确立的全面性权利还是确立的某种基础权利）属性进行论证，有效保障这些权利的法律就被承认为"法"，反之，则为"恶法非法"。"恶法非法"论具有鲜明的价值评判色彩，属于典型的法律规范正当性评判表述。

当代主张自然权利的自然法学派在坚持理性的基础上，更多地将关注点放在人的自然权利上，认为人的权利确认和保护是自然正义和契约正义的核心议题。在论证人的权利天然性的基础上，以其为标准来判断具体的法的善恶

---

① ［英］霍布斯. 论公民. 应星，冯克利译. 贵州人民出版社，2003：15.
② ［法］卢梭. 社会契约论. 何兆武译. 商务印书馆，2005：45.
③ J.W. Harris. *Legal Philosophies*. London，Butterworth & Co（Publishwes）Ltd，1980：7.
④ ［英］约翰·洛克. 政府论（下篇）. 叶启芳，等译. 商务印书馆，1964：6.
⑤ ［德］康德. 法的形而上学原理. 沈叔平译. 商务印书馆，1991：140.

与良善程度。这样，具体的人的权利就取代了形而上学的"善""正义"等不确定概念，哈耶克、菲尼斯等主要围绕"自由"等人权的实现主张限制政府权力，保障自由 ①。随着具体人权的不断提出，人权体系开始形成，"普遍人权"作为一个概念被提了出来。齐延平认为，"普遍人权已成为支持当代国际、国内事务政治上正当、法律上合理、道德上正确的必要基础。普遍人权理论从人的起码尊严与价值这一基点出发，可析分为人权价值的普遍、人权主体的普遍与人权标准的普遍。普遍人权应以先验的人性共似观为基石，以理性的文化相对观为限度。"②

历史法学派的立场和理论对于宣扬特定社会价值的自然法学派的理论进行了决定性的打击，事实上，不同历史时期法律规范所内含的社会价值并不相同，价值自然法学派内部对于"价值"的认识也不尽相同，所谓价值自然法学派也只是在一般意义上的"价值"大纛下的一个族类。"根据康德对理性批判的提示，理性不是既成的理论性认识，即不是永远得以适用的储存伦理的、审美规范的兵器库，而仅仅只是达到这样的认识和规范的能力，不是解答而是问题的总体，是人处理给予时的立场的总体，又是根据采用被给予的素材才能做出一定内容的判断乃至评价的形式的总体，在被给予的材料中得到适用才能够做出一定内容的判断乃至评价的范畴总体。"③ 这样一种法律规范的正当性解释模式面临的问题是，其所设定的理想规范类型及其核心价值经常处于变化之中，"永远正义的法律内容是不存在的，今天正义的内容随着环境的变化而必定会成为不正义的"。④ "内容可变的自然法"使自然法面临着何种价值才是正当性获取的确定价值的诘问，一次次的价值流转都在消解着自然法所建构的先验价值理想类型的感召力，自然每次对于特定价值的选定都需要进行重复性的正当性说明工作。"内容可变的自然法"或者价值相对主义作为一种对质疑的回应，也在间接地侵蚀价值自然法学的根基，更加靠近历史法学的价值版本的立场。不论是拉德布鲁赫还是罗尔斯，对于"恶法非法"的立场都已经退守到了只要法律不超过某种不正义的限度，某些不正义的法律依然可以被称为

---

① 自然权利学派的很多人都是兼着研究经济学，其观点很多都是从经济自由出发或者以经济学为基础。这方面的著作主要有：[美]菲尼斯.自然法与自然权利.董娇娇等译，中国政法大学出版社，2005；哈耶克的著作译介较多，如《自由秩序原理》《通往奴役之路》《法律、立法与自由》等。

② 齐延平.论普遍人权.法学论坛，2002（3）：5.

③ Gustav Radbruch, Rechtsphilosophie, 5Au.1956：107. [德]拉德布鲁赫.法哲学.[日]田中耕太郎译.东京大学出版会，1969：126.

④ Isaac Husik. *The Legal Philosophy of Rudolph Stammler*. Columbia Law Review, 1924，24（4）：387-388.

法律。①

在高度复杂多元的社会，用实质价值来论证法的正当性的难度越来越大，主张多元价值或者相对价值的自然法学者还开辟了一条用形式标准评价法律规范正当性的道路。施塔姆勒认为，正义的法律应具备四个形式原则：一是每个人的自由意志不受制于外界的专断意志；二是承担义务的人以自身为目的；三是法律共同体的成员不得被排除在法律共同体之外；四是法律所授予的支配权应确保其所支配的人保有人格尊严。只有满足这四个形式标准的法律才具有正当性。②拉德布鲁赫提出了一个形式性原理的正义概念，认为客观的正义只是"道德性善的一个现象形态"③。施塔姆勒和拉德布鲁赫在这个方面主要是提出了方向和大标准，富勒则进一步将他们的创见进行了系统构筑和具体论证。富勒提出了具有代表性的外在道德和内在道德的划分，并着力对内在道德进行了详尽的阐释。而富勒挂有"道德"名头的内在道德与"道德"相距甚远，甚至不是一个全面的法律程序设计，只能说是一个以立法技术为中心的程序性设计，第八条"官方行为与公布规则之间的一致性"更多的是实在法学研究的范畴。对于法律规范的程序原则，莱兹④、菲尼斯⑤等也都提出了自己认为重要的八项原则。富勒、莱兹和菲尼斯等虽然对于程序性原则的表述不尽相同，但都将程序性原则与特定价值道德区别开来，冀望用程序德性证成法律的正当性。问题是，什么是程序德性？程序德性与实质德性的关系是什么？用程序德性足以证成法律的整体德性吗？对程序自然法学者的思想进行分析可以看出，程序德性实施包含两部分内容，一部分是实质德性进入程序领域之后的另一种表述形态，跟实质德性具有同源性；另一部分则是纯粹的程序德性，其不关注法律规范内含的实质德性如何，只负责法律规范的程序部分的自洽性和有效性，当然，这种自洽性和有效性在某种意义上也是一种德性。富勒不愿意抛弃道德这一说辞，使用了内在道德这一概念，是有相当的迷惑性。特别是在法治理论研究的论域中，一部分学者论述了内在道德的实在道德意义，混淆了内在道德本

---

① Gustav Radbruch. Gesetzliches Unrecht und übergesetzliches Recht（1946），Gustav Radbruch. Gesamtausgabe，Bd. 3. hrsg. v. Arthur Kaufmann. Heidelberg：Müller，1990：89.［美］罗尔斯.正义论.何怀宏，何包钢，廖申白译.中国社会科学出版社，2009：106.

② Isaac Husik. *The Legal Philosophy of Rudolph Stammler*. Columbia Law Review，1924，24(4)：380.

③ Gustav Radbruch. Rechtsphilosophie，5Au·1956：124.［德］拉德布鲁赫.法哲学.［日］田中耕太郎译.东京大学出版会，1969：148.

④ Joseph Raz. The Authority of Law，p.214-218.

⑤ John Finnis. *Natural Law and Natural Rights*. Oxford University Press，1980：270.

身的意义与外在道德的意义赋予关系，将外在道德体现于内在道德的实质价值等同于内在道德本身内涵的实质道德。内在道德只负责使法律成为法律的程序性问题，其关注的是技术性和有效性，是价值中立的。这就导致问题转移到了实在法的论域。

法的正当性评价问题主要是一个思想问题，自然法对于法正当性的证成直指问题的核心，但越是本质的东西越难以把握。自然法对于法律规范正当性的追寻虽然不甚成功，现在已经基本放弃了其直接规范的要求，退到了间接导向的地步，但是，不同形态的自然法在其各自的时期确实对实在法起到了规范、评价、赋能的作用，而其形态的变化虽然侵蚀了自我的根基，却推动着法律规范向前发展。

三、"效果"的正当性

还有一种是实用主义的解释，认为法之所以产生是背负着特定的功能使命，遵从法律规范有助于达成实在的社会目的及个人目的，系统 – 功能法学派和制度法学派对此进行了详尽的论述，在法律实践领域影响较大。这可以称为"效果"的正当性。对于如何实现社会及个人目的，不同的流派和不同的学者对于这一问题进行了异彩纷呈的解读。自然主义自然法学派或者科学主义自然法学派是人类认识社会、探究社会规律性和本质问题的先行者，并将自然的规律性和社会的规律性杂糅起来产生的一种混沌理论学派。自然科学对于自然规范认识的准确性及其所揭示出来的规律性对于法学家具有至深的吸引力，也催生着法学家们制定符合社会规律的法律规范、规则性引领社会发展的抱负。

用一些实用主义的观点支持法的一般性，这种论证在日常生活中也极为常见，如认为如果法律具有一般性，从而可以同时适用于法律试图规制的人以及制定者本人的话，那这种法律成为一种压制性法律或者恶法的可能性就十分小。如果法律的制定者喜欢吸烟，那么他要制定禁止吸烟的法律时就会慎重考虑；或者如果立法者是比较容易受诱惑的人，那么其就不太可能制定十分严苛或者非人道的法律，因为他们知道这种法律会同样地适用于他们自己。当然这里需要注意的是，这种实用主义的路径并不具有哲学上的必然性，其仅仅具有经验意义上更大的概率而已。如某些苦行主义立法者，对自己的要求特别严苛，那么其也同样十分想要施加严苛的法律来要求治下的人民。以伊朗议会为例，其规定屡次盗窃者要处以截肢的刑罚。其议员大概也已经做好一旦自己冒犯了真主违反了这些法律，那么其愿意接受同样刑罚的思想准备。

　　自然主义自然法将法的正当性诉诸于自然，早期自然主义自然法学派的自然法观点可以表述为："自然法是自然界教给一切动物的法律。因为这些法律不是人类所特有的，而是一切动物所具有的，不论是天空、地上或海里的动物。"[①]后期的西塞罗的论述也颇具代表性："真正的法律乃是正确的规则，它与自然相吻合，适用于所有的人，是稳定的、恒久的……一种永恒的、不变的法律将适用于所有的民族，适用于各个时代。"[②]"法律是根据最古老的、一切事物的始源、自然而表述出来的对正义的和非正义的区分。"[③]这些观点的理论根源多取自古希腊的斯多葛学派，斯多葛学派是自然主义法学派比较成体系的源头。自然与理性是斯多葛学派的主要观念，并将这一观念贯彻到法律中，认为法律是普遍的，而不是局部的、有限的。[④]正是由于斯多葛学派的"世界城邦"和普遍法的朴素自然主义理论适应了其后罗马帝国的扩张，从而被罗马的上层建筑所吸收，并加以精致化改造。

　　当然，自然法学后续的发展基本与"自然"脱钩了，从西塞罗开始，社会化的"本质"就开始逐步替换科学主义的"自然"，"科学"开始转换成"理性"，造成了"自然法不自然"这样一个令人产生疑惑的概念。自然主义法学派认为，国家（城邦）和法，亦如城邦通行的伦理道德、风俗习惯、对神的信仰乃至奴隶制，都是自然现象的一部分，主张人们应当"与自然相一致地生活"。[⑤]法律规范必须与自然法相一致，遵从自然法、自然规律才能对社会起到规范作用，也会因为规范功能的实现获得正当性。自然主义法学派在后期也逐渐认识到了自然规律与社会规范的差异，并构建了一个相对于自然法的实在法概念，但本质主义还是被保留了下来。自然主义法学派对于规范的诉求简单而直接，就是使法律规范规律化、本质化，进而有助于实现一种理想的社会状态。规律性和本质满足了规范普遍适用的内在要求，因而自然主义自然法学派还是抓到了法律规范正当性的一个衣角，近现代以来自然规范、科学规范的大规模入法可以说也是承其余续的。

　　系统功能主义是一个活跃于社会学研究的学术派别，由功能主义发轫，加入系统论后，称为系统功能主义。其理论被法学所借鉴，形成了功能主义法学派，归属于大的社会法学派。这一派别从法律在整个社会的位置与功能入

①　[古罗马]查士丁尼.法学总论.张启泰译.商务印书馆，1997：6.
②　[古罗马]西塞罗.论共和国 论法律.王焕生译.中国政法大学出版社，1997：120.
③　Cicero. The laws, Book Two, 13, p.126.
④　刘敬东.两个世界与理性主义：柏拉图、斯多葛派与西塞罗合论.现代哲学，2001（4）：100.
⑤　孙国华主编.中华法学大辞典（法理学卷）.中国检察出版社，1997：541.

手，形成了蔚为大观的理论体系。系统功能主义法学的总体观点是，法律作为一种规范形式，必须与其他社会规范意义构成一个相互协作的规范体系，并依据给定的社会职能来安排自身的运作。贡普洛维奇认为，法律就是调整不平等的社会群体之间的和平共处的工具。[1]涂尔干根据他对社会性质机械团结社会和有机团结社会的划分，认为在不同社会类型中，法律的功能有所差异，机械团结社会要求法律维护对社会团结至关重要的共同情感、共同信仰和共同的道德观念，法律规范的主要功能是压制对于共同情感、共同信仰和共同的道德观念的破坏；在有机团结社会，因为分工和专门，社会团结具有现实的社会需要，法律要做的就是为恢复合作提供条件。[2]布朗认为，任何制度、习俗存在都是由于其对于社会具有功能，对内可以调节社会成员的关系，对外可以协调与外部环境的关系。[3]帕森斯认为，法律有两大功能：一是控制越轨行为，二是进行社会整合。"制度化"可以将个人行为纳入社会行为，从而实现社会整合。庞德的代表作就是《通过法律的社会控制》，该书的中心论点就是，法律的任务是使用强力进行社会控制，实现社会秩序的维持。因为法学流派的分类主要根据一个中心论点，将围绕在其周围的相关理论纳入其中。因为分类标准不同，小的法学流派实际可以依据不同的标准归入不同的类别，不同的法学家也可以在不同意义上归属于不同的派别。

当然，对法律功能的探讨不仅限于系统功能法学派，法律的功能问题在其他法学派也有论述。实际上，目的法学、利益法学、功利主义法学、实用主义法学都在其理论中用另一种说辞和角度论述了法律的功能问题。例如，拉德布鲁赫就提出，法律是维持人类共同生活的一般性规则的总和。[4]哈贝马斯对于社会整合的理论强调了制度和共识的作用，也可以归入法律功能分析的范畴。

制度法学在立论上起始于规范分析法学的分离命题和社会事实命题，提出了"作为制度实施的法律"这样一个命题。从这个角度说，制度法学可以放到"存在"的正当性部分，但对于"存在"的正当性的说明，制度法学相对于规范实证法学并无新意，制度法学在这个意义上也可以纳入规范实证法学的范畴。制度法学相对于规范实证法学的最大不同是，将法律作为制度的一种形

---

[1]　Gumplowicz. The Outlines of Sociology，p.179.

[2]　马新福．法社会学原理．吉林大学出版社，1999：52，54．

[3]　[英]拉德克利夫－布朗．社会人类学方法·译者中文版初版前言．夏建中译．华夏出版社，2002：59．

[4]　[德]拉德布鲁赫．法哲学．王朴译．法律出版社，2005：35．

式或者作为制度的一种要素，认为法律的产生是为了化解人类社会化之后出现的集体合作困境，降低大社会的决策成本。制度法学对于法律的社会功能的分析，大体可以分为两支：一支是微观的用成本、收益等具体计算来描述搭便车等问题的解决方案的设计问题，采用的是交易论的知识；另一支则关注人对于秩序、安全、稳定等需求的宏观问题，采用的是认知论的知识。这两条分支关注点的歧义跟它们主要理论来源的差异有关，前者主要吸收了经济制度学派的智识，后者则与人性论等社会性偏好理论有亲缘关系①。

对于法何以具有一般性的讨论，确实存在一个在什么立场上谈论的问题，千差万别的人和社会集团如果对此有一个共识，法何以具有一般性本身也就不再成其为问题。不论是"存在"的正当性、"根据"的正当性还是"效果"的根据，都是根据人们对于法的认识的片面性对于法这样一种规范性形式何以在异质性的社会形态中找寻"一般性"根基的努力。这些努力也确实在各自的领域内形成了具有理论说服力和现实吸引力的一整套理论体系，这种各自发展的正当性论证模式在整体上又形成了分头合击的效果，满足了异质性社会中不同立场的法律一般性构建，在意识方面有力地解决了为什么法能具有一般性的问题。

第二节　法的强制性保障法的一般性

一、法对于强制性的引入

法的正当性论证是道德主义在法的领域的一种表现，在自然法学的意义里，"规范性"一词除了具有客观意义上遵守法律的意涵外，主要强调的还是主观意义上的合道德性。客观意义上的遵守法律行为和主观意义上的对法律规范遵守的内在认同是完全两个意义上的事情。主观意义上的对法律规范遵守的内在认同能推动和固化客观意义上的遵守法律行为，因而实存的法律"主权者"无论自己颁布的法律如何的不合乎社会道德性的要求，也都会为自己所颁布的法律需求提出一种道德性的说辞，这就是意识形态的功能。而通过对于法律正当性的探寻也可以看出，对于作为"社会公共物"的法因何可以在其适用

---

① ［英］玛丽·道格拉斯. 制度如何思考. 张晨曲译. 经济管理出版社，2013；［英］贝瑞. 苏格兰启蒙运动的社会理论. 马庆译. 浙江大学出版社，2013：26-58；［英］休谟. 人性论（下）. 关文运译. 商务印书馆，1980：525-527.

的范围内对人、物、事具有普遍的管辖力，并没有找到一个统一的答案，在现代社会价值多元、知识分化的背景下，只是一种"诸神相争"的现实。

　　思想意识领域的分裂纷争，对于法的正当性根源的论证歧异，社会现违法犯罪行为作为一种历史现象存在的现实，无不说明，对于法的认识单纯从道德、规律角度论证，不能够全面认识法这一社会现象。孙国华教授提出的"法是理与力的结合"这一命题，很有启发意义。孙国华教授从马克思主义法学的立场对法内含的理和力进行了深刻解读，而上述各个法学流派对于法的正当性根源的论证拓展和丰富了"理"的含义，从不同立场、基于不同理论对法的"事理""情理"进行了论证说明。但是，这些基于不同立场对于法、对于社会的普遍统治力的论证，只是得到了一个法的一般性的空洞共识，一旦具体到现实社会中，包含的分歧立刻就会成为事情的主导因素。在意识分歧没有得到弥合之前，现实中的法只能是一种法"理"的现实物，处理分歧的方法除了继续强化主流法律意识形态外，"力"必然会占有重要地位，法的实践历史也证明了这一点。阿奎那就指出：法有两个基本方面，一个是规范人们行为的规则，另一个是强制性的力量。[①]法作为一种社会规范产生，固然有道德规范等自规范体系规范范围较窄，规范成长性跟不上社会发展速度等原因，但最根本的原因是有些社会关系道德规范调整不了，需要法这种新的规范来调整。道德规范等自规范在现代社会依然存在，法律规范与道德规范并存于社会之中，说明两者不是替代关系，而是合作关系。将法律规范道德化，是一种意识形态的操作方法，从而降低法律运行成本，增加社会整合效益。正如前面对于法律规范的定位，法律规范是一种他规范，其与自规范的最大不同就是外在的约束强制力对自我选择的限定，在规范种类对比参照中可能更有利于呈现出不同规范的特性吧。这在刑法、行政法等公法领域和前现代法律中体现得很明显，"礼入于法，出礼入刑"。对于我国"德""礼""刑"的关系以及"礼"的定性，笔者是倾向于将"礼"设定为更靠近"刑"的立场的，"礼"的程式化以及一套实际存在和运作的实施机制使"礼"并不像一般所理解的是一种道德规范。一个反驳性的意见是，现代法律是以权利为本位的，权力（义务）从属于权利，是一个自治群体的社会公约或者大宪章。既然签署公约和加入这个自治群体都是意志自由的结果，因而不存在强制性。这是另一个版本的社会契约论，并且用意志自由来否定法的强制性。社会契约论的假定性、不可证明性和非确定性决

---

① ［意］T. 阿奎那 . 阿奎那政治著作选 . 马清槐译 . 商务印书馆，1982：121.

定了其只能作为一种意识形态性质的存在，"信者恒信，不信者恒不信"；用意志自由来反驳法的强制力，属于将论域不同的两个存在来互证，犯了类似于"休谟难题"的论证错误。而对于法律规范的性质问题，正如霍菲尔德在《基本法律概念》一书中提到了八种基本法律概念，而这八种概念具有的相反或者相关关系的区别在于站的角度不同。[①] 对于法律而言，"哪里没有强制，哪里就没有法律"[②]。法是一种强制性秩序，强制性是法的实质一般性在异质性社会趋向瓦解之后，为了维护法及特定实质价值的形式一般性而进行的设置。在这种场域，法所维护的实质价值和配置的强制虽然都具有形式的一般性，但正如特定法维护的选定价值只对于其信奉和拥护者具有感召力一样，法的强制主要也是为其潜在的反对者来设置的，两者在实质方面的差异并不妨碍其共同落实法的形式的效力一般性。

　　从法律实证主义与自然法学的学说纷争历程看，自然法学的立场在后退，出现了最低限度自然法理论；法律实证主义的立场也在修正，包容性实证主义得到极大认同。这里的问题是，法律中的道德性与一般道德是同一的吗？它们的区别是什么？笔者认为，法律中的道德已经法律化了，只是作为法律的一部分要素存在着，其存在形态也发生了改变。法律中的道德大体分为两种情况，一种转化为了法理和法律原则对于整体的法律价值进行设定，法理和法律原则是这类道德的表现形式，法律价值是其在法律领域的专门称呼。另一种是行为化的道德，这种道德按照法律规则的逻辑结构进行了条件假定和行为模式处理，并被附加了相应的法律后果。总结来看，法律中的道德是经过法律机制遴选后按照法律要素的形式可以进行行为化处理的道德。纯粹的思想方面的道德不能进入法律领域，不能进行法律处理机制处置的道德不能进入法律领域。有学者主张，这类法律中的道德基本保持了道德的属性，没有相关的法律后果。[③] 笔者不认为如此。法理要进入法律领域，作为法律实施的依据，需要具备的条件是，法律对法理作为法律依据进行了专门的设置，如古罗马《学说引证法》明确规定将五大法学家的学说作为司法的依据，美国法官会在判决理由部分引证学者的观点等。得到认可的法理和法律原则一般不以本来面目出现在具体的法律实践中，除了上面提到的法理司法化，依据法律原则断案的情况不仅在英美法系国家屡见不鲜，并成为经典案例，在大陆法系国家也并不鲜见。

---

① ［美］霍菲尔德. 基本法律概念. 张书友编译. 中国法制出版社，2009.
② ［意］G. 韦基奥. 法律哲学. ［英］T. 马丁译. 美国天主教大学出版社，1953：305.
③ 郭忠. 道德法律化的途径、方式和表现形态. 道德与文明，2010（3）：122.

法律规则是司法事件直接寻求的法源，法律规则和法理作为兜底性法源直接性要弱一些，但不能据此理解为其不能具体应用，因而没有法律后果。据此，法律中的道德因素与一般道德已经不同了，显著的标志有二：一是是否将行为模式化；二是是否具有明确的后果配置。相应的后果配置包含了或多或少的强制性。实证分析法学派在开门立说之初，对于道德问题避而不谈，并不是其看不到道德因素在法中的地位和存在，只是为了将法从伦理学中挣脱出来集中研究法、使法学成为一门独立的学科，才采取了"纯粹"的做法。直到现在，对于法和道德的关系还是混淆不清，这种情况在具有深厚礼俗传统的社会表现尤甚。因而，包括道德在内的法外要素进入法的领域就应当以法的称谓命名和称呼。名不正则言不顺，这既有利于法学学科的独立，也有利于这些要素在法的领域据名做实，发挥设定的功能。

法律的基本思维包含"好人"思维、"坏人"思维和"常人"思维等。不同的部门法因立足的价值不同、规范的领域不同，对于这三种思维的体现程度也不同；立法总体意图和具体法律条文设计也会因为具体考量因素不同，而分别持有不同人性设定思维。一般来说，法律的基本思维是"常人"思维，就是将行为主体设定为理解社会行为意义，能够自主决策、自主行动，并承担法律后果的"普通"人，既不拔高，也不矮化。如民事法律的行为能力、责任能力制度设计，刑法的预期可能性理论等都是基于"常人"思维设计的。"常人"思维本身就是法的一般性要求的一个体现，是法律为普遍适用而设计和选定的一个社会人的"理性类型"。这个"常人"标准是根据社会历史条件设定的，考虑一般情况和大多数人参加社会活动需要具备的条件，如新颁布的《民法典》规定民事限制行为年龄由 10 岁降为了 8 岁。因而，部分人具备的条件会高于一般标准，也会有一部分人的条件低于一般标准。对于低的这部分人，或者不能一直保持一般标准的人，"常人"思维实际是包含一定义务性质的，附加了调高自身社会意识和行为能力的义务。"好人"思维在法律规范中的存在比较少，一种情况是社会中的一部分人因为具有某种地位而被附加了较一般标准更高的要求，如公务人员、专业人士等；另一种则是法律对于社会而言具有积极价值的行为进行义务性倡导，如对见死不救入刑，对发现文物无偿上交，让个人承担公共受益事项的成本等，其理论的根基相对薄弱。"好人"思维将行为人设定为品德高尚的人，因而多会设定单义务条款。《论语》中的"子路拯溺"和"子贡赎人"两件事就很好地说明了两种思维的差异。如果说"常人"思维是具体条文设计的基本思维，那么"坏人"思维则在法律的缘起、法律的总体设置意图和行为模式设定等方面处于基本地位。"原罪论""性恶论"被认为是法律规范的人性论设定，而法律规范对人的行为模式设定中规定的必为模式、禁止模式也主要是基于"坏人"思维来设计的，而不利性法律后果也主要是为"坏人"配置的。庞德就认为，法之所以具有强制性，一是因为对于反社会的人和力量必须用强力进行压制，二是服从习惯的养成在很大程度上是因为具有反社会倾向的力量意识到，一旦做出反社会的行为，法律的强制就会现实地加诸其上。① 综上可见，无论是"常人"思维、"好人"思维，还是"坏人"思维，法都在一定程度上对于"人"设定了一定的强制性义务或者责任，作为规范就会提出一定的要求，强制性在实在法的领域一直就是一个核心要素，即使行使权利也是要符合法律的规定性。规范的当为和必为才是完整的规范含义，自由王国的完全当为和恶法治理下的纯粹暴力作为一种极端在现实环境中都不能存在。法的强制性既是法具有一般性的实在性保证，也是法在实质方面具有一般性的一个侧面。

二、法的强制性的两个面向：物理和意志

那么，什么是法的强制性？依据法的强制学说，法是某一特定规范与强制力相结合的综合形态，法的强制性是法的规范性得以实现的实力根据。耶林做了一个形象的比喻，认为没有强力的法治就是"不发光的灯，不燃烧的火"。虽然法的正当性问题作为法的面子性问题，一直被探讨和宣扬，但法的强制性却是一个从古至今得到东西方社会普遍承认的法的一个基本属性，对强制性作为法的基本属性或者基本特征的共识度远远超过法的正当性。法作为一种他规范形式，如果没有强制力，既不符合对于法他规范的定位，也会丧失他规范的效力功能。依据最初的理解，法的强制性就是制裁，而制裁意味着强力。这种理解是一种直观性理解，也确实指向了法的强制性的核心要素。帕特森认为，制裁一定意义上是任何法律都具备的形式，是法的必备特性。② 制裁是法的强制性表现出来的最为强烈的属性和表现，在法的早期，法的强制性与制裁基本可以画等号。远古的禁忌规则以及诸如代表制裁的风暴之神恩利尔之类的神话故事，是关于法的制裁性的最朴素的解读。随着对于法的理解的深化，逐渐开始用宏观抽象的法的解释来覆盖法的强制性，对于法的强制性理解，一方面开始偏向哲学化，如认为法的强制性是一个群体将其意志强加于另一个群体而

---

① ［美］罗斯科·庞德 . 通过法律的社会控制 . 沈宗灵译，楼邦彦校 . 商务印书馆，2010：19.
② ［美］E. 帕特森 . 法理学：法学家及法律思想 . 美国布鲁克林出版社，1953：169.

形成的限制与约束；另一方面对强制力的理解范围扩大化，认为制裁只是强制的一种形式，而不是全部形式，"义务""服从""守法"等都是法的强制性要求，法的强制性包括物理强制和意志强制。"不管是什么实在法，都被作为一般的具有效力的任何强制态势、具有客观效力和规范约束力的体制加以解释。"① 威泽尔（H.Welzel）的这一说法就指出了法的强制性的物理和意志的两面性。

（一）法的物理强制性

从社会根源上说，法的物理强制性源于"把该社会所有的法与法的各种制度按照本质上现存的样子予以规定的赋予动机的力"②。通俗地讲，就是社会中存在的各个阶级或者社会集团按照现实社会中的力量对比或者意图实现的社会力量转化，将权力、权利、义务等在社会群体中做的分配，这种分配以及对于这种分配格局的维护以制度和规范的形式表现出来，因这种格局而产生的法本身是社会力的产物，并且会继续依靠这种社会力维护这种格局，约束参与这种格局的社会力量按照这种格局设定的模式进行活动。法是力的法。基于实证视角，从社会或者政治角度观察法的强制性，一般比较关注法的强制性的外在形式或者物理形式。这不只是实证主义法学的主流观点，持现代法律观的派别包括自然法学派也多支持这类观点，或者在其理论中含有支持这一论点的成分。物理强制观点一般将实在强制力与国家或者类国家的实体挂钩，实际上是法的国家起源观的一种体现，其理论根基是政治学。在封建世俗王权和民族国家在中世纪之后崛起的背景下，布丹提出，"主权是在一个国家中进行指挥的……绝对的和永恒的权力"，主权是"不受法律约束的，对公民和臣民进行统治的最高权力"③，将国家和法律联系在一起。霍布斯在论述了原始状态的种种不堪后提出了结束战争状态的"主权者""利维坦"，认为法律是主权者将其意志强加于人民的主要工具。④ 斯宾诺莎的观点与霍布斯基本相同，也认为法律是国家制定的，但认为法律的目的是实现自由，在实在法之上还有一个自然法。耶林认为法具有国家性和强制性，法是"一个国家中具有现实效力的强制规范的总称"⑤。边沁和奥斯丁理论的一个核心命题就是，法律是主权者

---

① Welzel. An den Grenzen des Rechts（Die Frage nach der Rechtsgeltung），1966：28.

② Lassalle. über das Verfassungswesen，in：Gesamtwerke（2.bde.），Bd. 1，Leipzig o. J. S. 40ff.（s.45f.）

③ ［美］乔治·霍兰·萨拜因.政治学说史（下册）.盛葵阳，崔妙因译.商务印书馆，1986：462.

④ Leviathan，ed，M.Oakeshott（Oxford，1946），ch，xv.

⑤ Jhering，Der Zweckim Recht，Bd. 1，3 Aufl.，1893，S. 93ff.S.381.

的一种命令，实在法是由特定的主权者对其统治下的政治劣势者制定的。① 汉斯·凯尔森认为，法律规范的特点就是用一种强制性命令对逆向行为进行制裁，法律是一种人类行为的强制性秩序，强制力是法律概念的决定性标准 ②。黑格尔和马克思都认为，立法权是国家制度确立起来的法律，国家制度给了立法权以法律，法律根源于国家。③ 但马克思提出了两个"立法权"问题，即先于国家制度的立法权和由国家制度创立的立法权，并给予不同的界定，解决了国家制度与立法权的背反问题。④ 作为列宁、斯大林思想的一种反映，维辛斯基提出，"法是社会中的统治阶级以权力所制定的人们的行为规则，以及由国家权力来认可，国家机关以强制力使之实现的习惯和共同生活规则的总和"⑤。应该说，国家是一类最完备的政治组织，其与法律长期以来的发展关系如此紧密和明显，将法律的强制力与国家联系起来在现实环境中具有相当的说服力，虽然其依然存在着对宪法或者"基础规范"的实质来源的争议。如果将法局限在国家的范畴内，其在这一论述框架内也具有理论的自洽性。问题是，在一个大的具有理论自洽性的内部也依然存在着多个具有理论自洽性的部分，将一个部分囊括进来或者将一个部分分离出去可能都不会伤害整体的，那分离和结合的依据又是什么呢？

接着上面的提问，对于法的界定，法律人类学与国家主义法学就有着不同的认识。法律人类学学者认为，法作为一种社会现象，其产生与发展并不与国家具有直接的关系，法是一种先于国家产生的社会规范，国家是社会发展到某种成熟状态后才出现的政治现象。国家的出现需要法的支持，但法的先期发展是国家出现的必要条件，国家却不是法出现的必要条件。随着社会的发展，社会的规模变得越来越大，社会生产和生活的接触面也变得越发广阔，社会的异质性因素越来越多，靠情感和可直接识别的依赖关系来维持的社会组织体系的自我规范能力遭到了前所未有的挑战。社会结构的变化必然带来社会组织形式和社会规范形式的变化，一种新的社会规范的产生也是因为这种新的规范具有某种内在的与孕育其的社会相适应、相契合的特性。社会形态与社会规范是一种相互招引的关系。对于国家之前的法的状况，法人类学家主要通过社会调

① Jeremy Bentham，The Theory of Legislation，ed，C.K.Ogden（London，1931），p.82.［英］奥斯丁.法理学的范围.刘星译.中国法制出版社，2002：1-4.

② Hans Kelsen，Pure Theory of Law，University of California Press，1967：33.

③ ［德］黑格尔.法哲学原理.范杨，张企泰，等译.商务印书馆，1961：315.

④ 马克思恩格斯全集（第1卷）.人民出版社，1956：312.

⑤ ［苏联］安·杨·维辛斯基.国家和法的理问题.法律出版社，1955：100.

查和历史考据的方法进行了论证和说明。霍贝尔是一位典型的法人类学家，其采用传统的人类学的体验观察法对还保存有原始生活习惯的爱斯基摩等5个部落进行了考察，发现在原始社会也存在着法或者"公规"。霍贝尔认为，法作为一种新型的社会规范与原始规范的最大区别是，公力救济取代私力救济，专门的社会机构会按照事先确立的程序和相对明确的社会规范对社会规范违反者（威胁）使用暴力或者人身强制。① 对于霍贝尔的这一论断，笔者认为可以大体概括为三点：一是社会公共机构的设立。在原始社会初期，个人主要生活在小家庭以及由小家庭进一步延伸而形成的血缘氏族之内。随着社会组织的扩大，以及生产生活能力提升对于血缘纽带的降格和相互生存依赖降低，一种不依赖于血缘和情感的具有社会组织能力的社会设置——社会公共机构产生了。这种社会公共机构在不同的具体社会里有不同的称呼，如就切依因纳人而言，其就是部落议事会。二是公力救济取代了私立救济。在法产生之前，社会纠纷的解决主要依靠纠纷当事方的和解、家族内部主事人的调解，解决的依据也主要是情感和家族和谐。而在社会组织冲出血缘的范畴之后，社会就具有了维护一般的社会公共秩序和安全的需求。而前述社会公共机构的成立本身就表明，社会组织的扩大程度已经超出了血缘和生存依赖的范畴，公共性开始取代亲私性。对于一般的社会公共秩序和安全的维护而言，自生自发的、自然生成的集体意识依然会发生作用，但社会公共性与个人利益的亲缘性并不如亲缘集团形态社会那样关系紧密，越轨行为出现的概率也大幅提升。对此，法律人类学家也发现，在原始社会后期，原始人的社会行为并不淳朴，偷窃、伤害、通奸乃至杀人行为时有发生。为了维护大社会的社会秩序，社会公共机构应运而生，其职能就包括社会纠纷的解决和社会秩序的维护，社会纠纷的解决方式也发生了一个大的转变，就是私立救济在某些领域的退出，公力救济在纠纷解决特别是涉及社会公共利益纠纷的解决方面日益占据主导地位。三是作为规范实施的保障措施的强制力被授权给特定社会公共组织行使。法作为一种社会规范，最大的特点就是合法的强制力的使用。社会规范要发挥其规范作用，都有其发挥作用的机制。法作为一种他规范的类型，与自规范的最大区别就是外在的强力在规范功能发挥方面具有基础性作用。人的自利性是社会发展的动力，但人的自利性在直接利益相关联系较低的社会环境下就会演变成纯粹的自私性，与社会公共利益相悖，与其自我的整体利益相悖。对道德的一种解释就是，社会需

① ［美］E.A.霍贝尔. 初民的法律——法的动态比较研究. 周勇译，罗致平校. 中国社会科学出版社，1993：30.

要但实际稀缺的社会行为的品格，也就是在大社会中，道德本身就是一种稀缺资源，但对于社会又是非常重要的资源。如何创造这种稀缺资源呢？除了传统的对于共同意识、共同情感、共同生活的塑造之外，通过外在的强制力在形式上规定、呈现、实践所谓的社会道德就成为一条不言而喻的道路。法与道德扯不清的关系，就是法与道德既有分野又有互相借助的关系。法的强制力的使用与私立救济下强制力使用的一个区别是，强制力被专属于某一特定的社会机构来行使，并且随着规范的进一步精密，强制性的行使越来越形式化、程序化、公共化，如法律发展进程中出现的立法与司法的分离、行政与司法的分离、程序法与实体法的分离、部门法之间的分离等。即使是在现代法律中，一些特定的强制也被加以限定，这就是法律保留原则。国家主义法律观在国家环境下，用国家标签来标注法律更加易于识别强制力的法律属性，但不能由此将社会公共机构仅限定于国家。在部落联盟等社会形态下，部落联盟会议以及附属机构已经具有了国家的很多功能，即使是进入国家社会后，一些游牧民族建立的国家也不完全符合现代政治国家的全部定性，但一般也会将这些游牧国家定性为"国家"，因而，对于执行社会公共职能的社会机构的定性不能以某一成熟形态来认定，即不能用"形式"定义"形式"，而要用性质和特征来认定。社会形态的过渡是渐进性的，社会条件的具备也是有步骤的，法在现代社会与国家具有如此紧密的联系，并不能证成法只能在国家的条件下才能生成。社会法学家埃利希就指出，无论立法还是司法一开始并非属国家所有，在国家产生之前就已经有法的存在了。[①] 历史法学派的梅因也认为，原始社会的宗族制度及其规范是原始社会形态下的法，已经具有了权力属性和执行机制，而不同于风俗习惯等社会规范。[②] 笔者认为，法律人类学、社会法学和历史法学对于法的强制性的非国家性的论述具有现实基础，国家主义法在一定程度上呈现出另一种"纯粹法学"的意蕴，有益于在国家环境下区别法与其他社会组织规范，但对于理解法的起源与其功能却形成了一种隔断效应，因而笔者也比较赞同将法与国家做一定的隔离，特别是在强制性问题上，这样可以用法的概念更好地涵盖和解释法的现象，这也是笔者在开篇之初现行论述自规范的原因所在。

（二）法的意志强制性

对于法的强制性，自然法学虽然是予以承认的，但力图将其放在一个比较边缘的地位，对于实证法学将法的强制性作为法的基本特征来定性更是不予

---

① ［奥］尤根·埃利希. 法律社会学基本原理. 叶名怡，等译. 中国社会科学出版社，2011：102.
② ［英］梅因. 古代法. 沈景一译. 商务印书馆，1959.

认可。例如，富勒就认为，虽然暴力是制止暴力的一种遏制机制，在法律受到暴力攻击时，需要用暴力来维持法律秩序，但强制力终归是法律之外的配置，不能作为法律的特征。[①]自然法学一直强调法的应为性规范的自愿性，并将之归结为道德的自我感召力，但在进入法的领域之后，道德的自为属性已经遭到了严重的阉割，这也是法的"道德"与一般道德的另一个区别。在"恶法非法"的争论中，自然法学派并不占据优势，对于"拉德布鲁赫公式"中的"必要的限度"也没有明确的说法和判定标准。对于历史上存在过的各种类型国家的法，自然法学派也没有进行具体的甄别，来判定哪种法律因为"邪恶"而不应被称为法律。即使是在纽伦堡审判、东京审判中，对于纳粹的法律除了在自然法的角度对于部分纳粹法加以否定外，在技术和逻辑上还是遵守实在法的规定，乃至在具体条文上援引了纳粹法的规定。[②]而法的后期发展越来越与人的道德愿望相符合，也是整个历史进程前进的一个结果，法作为这个进程的一个部分也会具备这种时代进步性，而不能用此来说明法的道德性对于法的强制性具有优势地位，或者否定法的强制性。一种质疑法具有明显强制性的、有说服力的道德性说法是，法成立并具有约束力的第一依据是，其约束力涵盖范围内人们的"同意"或者"承认"，法之所以具有约束力是基于人们以"同意"或者"承认"方式赋予了法对于其自身的约束权。按照同意－约束－服从的逻辑，最终人们对于法律的服从就是对自身意志的遵从，是一种纯粹的意志自由行为。这种说法将人的守法行为归结为一种守信行为或者信义道德义务，或者使自由意志共存的条件。康德认为，法是公众的集合意志，是自由意志自由共存的行为规则，服从法是人民的义务。[③]现代民主的核心要义就是经过"同意"程序形成公共意见，用公共意见回应社会异见。对于同意，密尔从功利主义的结果论[④]，诺奇克从康德主义的义务论[⑤]，亚里士多德从伦理学的美德论[⑥]出发，强调了同意的价值定位。问题是，法律成立时的意志自由与法律生效后的意志自由还是同一个意志自由吗？一般的意志自由与个体的意志自由能画等号吗？"公意"与"众意"本就不同，这种程序性意见的出发点就是用程序的意

① ［美］富勒.法律的道德性.郑戈译.商务印书馆，2005：127-128.
② 乔仕彤.自然法复兴与纽伦堡审判.政法论丛，2006（3）：95.
③ ［德］康德.法的形而上学原理——权利的科学.沈叔平译，林荣远校.商务印书馆，1991：41.
④ ［英］约翰·密尔.论自由.许宝骙译.商务印书馆，2007：2，14.
⑤ ［美］罗伯特·诺奇克.无政府、国家和乌托邦.姚大志译.中国社会科学出版社，2008：37.
⑥ ［古希腊］亚里士多德.尼各马可伦理学.王旭凤，等译.中国社会科学出版社，2007：79.

见来折中实体的意见，已经是一种次优意见了，其道德是中庸的。迈克尔·曼的《民主的阴暗面：解释种族清洗》和 R.J.Rummel 的《权力杀戮：民主作为非暴力的一种方式》虽然只是从另一方面对民主做了解读，但这也确实是民主的一个负面性。无论是粗糙的民主还是精致的民主，其核心都是"多数决"，本质就是一种强势意见的表达技术机制，无关乎正义或者善。笔者认为，无论是总体意志对个体意志的约束，还是"前我"意志对"后我"意志的约束，在无法实现二者有效通约的条件下，就构成了一种强制和约束，一种意见性的软压力和精神强制。诺依曼的"沉默的螺旋"理论就很好地解释了社会意见形成中，少数群体基于被社会孤立的恐惧而对自己的意见予以隐瞒或者修正，从而形成强势意见更加强而弱势意见更加弱的公共意见形成过程。具体到法的领域也是如此，从法的制定到法的实施，个体在整个过程中的意见表达，或者是集体无意识，或者是群体盲从，或者是群体极化，或者是由于社会压力的从众。而群体极化和从众压力都是社会群体意见对个人产生推力或者压力而出现的意见表达扭曲，只是群体极化是一种意见加强机制，而从众压力则是一种意见保留机制。而现代立法所要求的经过同意的立法对于同意者所产生的服从的道德义务或者道德责任在这类情况下并不存在，而弱势者或者意见保留者在这种情况下会依然守法，其解释只能是对违法制裁后果的恐惧，或者是社会压力下被孤立的恐惧，使其用行动来继续隐藏自己的真实意见。法作为主权者、统治阶级或者主流社会阶层的一种意志表达，能够成立并获得社会的普遍遵从，最直接依靠的确实是一种意志力，不管这种意志力的进一步延伸是基于对于法的内心的信服而生的道德义务感，还是基于法的一般预防功能而产生的对于法的畏惧感。批评者指出，对于法的强制力的依赖是法的一种非正常状态，守法者关注的是行为标准与目标的一致性。笔者认为，这一观点有如下纰漏值得批驳：一是在正常状态下，法确实是社会主流意识形态的产物，其具有坚实的社会基础、经济基础和思想基础，法对于社会的优势人群而言更多的是一种主流生活方式的宣示，优势人群对于法的内心信仰和外在遵守使法的秩序整体呈现出来的就是一种祥和的姿态，这也可以用"法的道德性"来形容，这时法的维持主要依赖的自然是"道德"。这时的法主要是作为一种行为模板供信服者更好地遵从，起着"范"的作用。内心对于法服膺和信仰的人或者持内在观点的人对于法的秩序是认同，不是"反社会人格"，那么这类人对于这种"范"的遵守是不是一种纯粹道德性的要求呢？事实是，对于因过失等非故意性原因违法犯罪的人依然要受到法律的制裁。制裁的理由不是因为违法犯罪者具有道德性的冒犯法的内心意愿，而是其未能达到法所设定的范的"要求"，这种要求本质上不是道德性的（也许会有人将其解释为能力道德），而是能力性的，也就是未能达到法律所设定的"一般人"或者"常人"的行为能力标准。因而，在主流社会人群中，法也不仅仅是一个行为的道德范本那么简单，这类人也会感受到法的规范性和强制性。二是守法者的行为都是一样的，但其守法的内心态度却各不相同。法的秩序如果主要依靠法的物理强制来维持，那就可以用霍布斯的"所有人对所有人的战争"来形容了，接近于一种无法状态。对于法的一般预防与特殊预防的关系，一般的认识是，一般预防是目的性的，特殊预防是手段性的；产生一般预防效果的法律要素主要是法律规范，产生特殊预防效果的法律要素主要是法律制裁。而上面的第一个问题实际说明的就是"范"的一般预防作用的一个方面。而一般预防的另一个方面是，其不仅对于法的服膺者有"范"的一般预防作用和意志规范力，对于法的秩序的反对者而言，其也有"范"的作用，只是这种情形下的"范"失去了"应为"的规范性，主要是"必为"的意志认识。这种意志强制性就来源于被社会主流排斥的恐惧感（压迫感），或者就直接来源于对于可能降临到身上的物理强制的恐惧感（压迫感）。这种恐惧感不同于道德感，因为其内心并不认同；也不同于物理强制，因为没有实际实施，只是一种意志感受。认为法律的常态不依赖强制的观点，很大程度上是因为其在某种意义上混淆了法的纯粹自愿遵守和法的意志强制遵守，毕竟二者在表象上并不好区分；也混淆了物理强制与意志强制，意志的内在化和不可测定性使其与强制的连接相对微妙。不敢违法和不想违法是两种将违法行为抑制于未实施阶段的意志形态，而法的理论和实践所关注的主要在于不敢违法，不想违法也是法所需要关注的，但却不是法作为一个社会部门所能单独处理的问题，需要从社会学或者犯罪学等更宏大的视角加以关注。正如李斯特所说，最好的社会政策就是最好的刑事政策，表述的就是这个意思。总之，法律规范的存在，即使没有实际实施，其也会在思想意志方面对于其所规范范围内的主体产生意志规范和强制作用。这种意志强制根据其作用的对象不同，会对作用对象产生修正、抑制等不同性质、不同强度的强制。一些学者对公民守法的情形从类型和境界等角度进行了划分，不能违法、不敢违法和不想违法也是一种划分。不能违法是违法环境学的关注内容，主要采取消除违法犯罪的条件和环境的办法来抑制违法犯罪；不敢违法和不想违法则是一个违法意识学的研究领域，要靠加强法律规范的意志强制来实现。

　　法律规范作为一种他规范类型的社会规范，其作用对象、作用范围、作用机制与自规范类型的社会规范都有很大的差异。即使法律规范在规范建立之初力求通过民主程序、商谈程序尽量容纳社会的共识性要素，用宏大的"民族""国家""自由""平等"等大词凝聚社会合力，也改变不了异质性社会的基本定位。无论是流变的自然法所极力推崇的先验价值，还是功利主义、经济主义所追求的实际利益和幸福，都只能在部分领域、部分人群中产生对于法的内心信服和行为遵守的效果。对于法的"异见者"，对于破获法律秩序者，上述机制是没有效果的。法的强制性就是法律秩序为自我维持而设置的一种防护机制，并做了物理强制。其主要是特殊预防，意志强制主要是一般预防的功能分区。

第三章

法的一般性的内外兼顾：法治理论

在现代社会，法治成为法学领域最为强大的话语形式与意识形态。一个法学命题要想证立自己的意义，大多需要回归到法治的逻辑之下，至少要揭示出其中的关联。法的一般性问题之所以在现代语境中被设定为一个值得研究的问题，就在于其与法治的一般原理高度相关。其不仅关涉法律性质等理论问题，更为重要的是它能够揭示法治理论背后的深层机理，以深化我们对法治的认识。如富勒所言，"一般性的难题在法理学文献中并没有得到充分的讨论"①，但也正是在近现代法学得到充分发展的法治理论中，法的一般性理论得到了更多的提示和论述。法的一般性虽然在法治话语中被与平等、自由等实质价值勾连起来，但更为重要的是，面对法的实质一般性内容的诘问和各法学流派对此问题的纷争，法的形式一般性被提出来，并越来越趋向于成为法的一般性问题的中心议题。

在法治理论特别是当前的法治理论中，法的一般性的讨论大致可以分为两个面向：一个面向是以哈耶克等价值法学派论者为主，提出法的一般性（或者译为普遍性），并从法的一般性的法治价值和实质价值角度进行了阐释；另一个面向主要出现在以富勒为代表的"法律内在道德"和形式主义法治观的相关讨论中②，这一面向虽然还是托身于价值法学派，但已经很大程度上转向了形式价值观。法治理论中关于法的一般性的讨论在当代的理论视域中虽然也存在一定局限性，但已经极具价值了。可以说，法治理论视域的法的一般性讨论最大的贡献就是，其从实质一般性向兼顾形式一般性的转向既拓宽了法的一般性理论的论域，又更加关注作为研究本体的"法"自身的问题。因为法治理论下的法治一般性问题还是一个实质与形式间杂的混沌体，所以有必要将法的一

---

① ［美］富勒.法律的道德性.郑戈译.商务印书馆，2014：58.
② 陈景辉.法律的内在价值与法治.法制与社会发展，2012（1）.

般性放置到更广阔的理论空间中，特别是放到宏阔的整体法治理论中，才能尽可能地释放出该论题的各种面向，也更能理解法的形式一般性在法治理论的论域中成长起来的缘由。

第一节　法律一般性的法治渊源

一、法治的理论发展史

法治本身是一个聚讼纷纭的话题，其本身在历史和理论发展的过程中聚集了异常丰富的理论枝杈，我们很难给出一个直接而笃定的定义。但是对于法治我们却可以通过对立面的意象来达成一个边界比较清晰的把握。"法治，而非人治"表达了一个基本的对立意象。也就是说，法治无论是什么，但其一定不是人治。那何为人治呢？这涉及我们一般人对于政治的基本想象。我们很容易想到在一个国家中，权力往往由一部分人掌握（官员或者警察），其余人则听从于他们的命令，前者强大而后者弱小，从而呈现出一个"统治者与被统治者"的模型。这种政治想象大概可以视为人的统治。从亚里士多德开始，政治哲学家就开始试图改变或者缓解这种政治模式，人不一定要也不愿意被另一群人所统治。这样的话，被统治者就会"任由其突发奇想和激情、愤怒以及偏见所摆布"[1]。一个更优的替代方案是，没有统治者和被统治者之分，每个人都是主体，每个人也都是被统治者，只是不是受另一群人统治，而是由一系列共同的抽象规则统治所有人。这样每个人都服从于法律，在政治中也就取消了人的因素，通过法治，人治的弊端也就得以克服[2]。

但是这样一个看似简单和可行的逻辑存在致命的弱点。从当下的一般观念出发，我们会发现，法律与客观的自然规律不同，是由人制定的，这样上述的法律统治也就成为了立法者的统治。一个国家中的立法者可能是人民也可能是君主，无论其立法主体是谁，立法本身是人的意志的产物。其结果有二：第一，政治中人的因素并没有被完全取消，人的任意统治似乎仅仅是通过法律这个工具来表达，而并没有在真正意义上受到限制；第二，君主立法的国家似乎

---

　　① ［新西兰］杰里米·沃尔德伦.法律——七堂法治通识课.季筱哲译.北京大学出版社，2015.
　　② 亚里士多德在他的书《政治学》（ c. 335 BC ；$armondsworth；Penguin Books，1962）第三卷第十六章第143页中如是说："要求法律来统治的人相当于要求神和智者而非其余人来统治；而要求人类来统治的人相当于带来了一只野兽；因为人类的激情就像野兽，强烈的情感使统治者和善的人误入歧途。法律中，只存在没有激情的智者。"

也可以成为法治国，这完全违背我们关于法治的基本常识。那这里问题的关键就是，法律必须具备某种品质，从而使立法机关如此制定的法律与立法机关任意制定的其他命令和措施区分开来（norm/statutes）。这就使得立法机关本身也受到了必要的限制，立法机关的命令中只有符合特定品质的命令才是法律，人的意志依然受到了限制，法律的统治并不必然会蜕变为立法者的统治。

为了更好地理解这一问题，我们首先要回到欧洲传统法学之中，去检视一下到底何为法律，即传统上法律概念为何。这涉及西方历史上一个重要的区分，即理性与意志的区分。

二、法律的底层逻辑：理性与意志之争

在欧洲的哲学传统中，一直存在一个基本的概念区分，即理性与意志之争。而法律是理性和普遍性的表达这一思想传统被近代法治理论所继承。在古希腊哲学中，法律是一种理性（ratio）和普遍的东西，而不是意志（voluntas）。二者是严格对立的，法律不是一个人或者多个人的意志。这样一对对立范畴清晰地呈现在了亚里士多德的理论中，在《政治学》中，亚里士多德提出，在受法律约束的民主政体中不会出现煽动家，有才能的公民占据着最高职位。但是在法律不拥有最高权力的地方，就会出现煽动家；因为在那里，民众变成了君主而且是长着许多个头的君主。这样一种观念在中世纪自然法传统中依然得到了十分完善的继承，阿奎那就将作为理性安排的法律与一群人的意志相对比，其认为后者被狂热的激情搅得混乱不堪。很明显，在这样一个思想传统中，上文中提到的法治堕落为立法机关的统治在理论逻辑上并不会出现，因为并非立法机关的所有命令都是法律，只有符合理性和普遍自然法的法律才是真正的法律。在自然法时代，理论家们认为自然法具有明确的内容，而且其是自明的，只要人们恰当地运用理性，就可以认识到自然法，而法律就是从自明的自然法中凭借理性推导出来的道德准则（regula virtutis）。可见，此时法律必然是符合理性和具有普遍性的。

这一理想遇到的第一个重大挑战来自霍布斯。霍布斯虽然也认同自然法思想，认为自然法对于理性而言是明确的，但是其也意识到，在实践中由于人性的弱点，总是在何种法律符合自然法问题上存在争议。因此，其提出了是权威而不是真理创造了法律的观点。这样，法律就不再是普遍理性的事物，而是意志和命令。其理论结果就是君主高于法律，而不受法律约束的观点使其理论最终成为了一种为专制主义辩护的理论。这样的一种理论一直受到后世理论

家的反对。洛克虽然主张议会主权，但是其依然坚持理性与意志的区分。其认为在无规则之下发生的事态都不是立法的范畴，而取决于实际的事态。[①]孟德斯鸠的分权理论也是建立在这样一个区分基础之上的。在《论法的精神》一书中，其认为一旦"不受一般的、固定的、永久的法律拘束，并且能够在这种条件下做出特殊的个别决断"[②]，政府就是一个专制政府。黑格尔也认为，法律是采取普遍形式的实存，立法权表达了普遍性，而行政权表达了特殊性[③]。

可以看到，在古希腊以来的思想传统中，法学家和政治哲学家在讨论法律问题时都预设了普遍的法律概念。法律承载着理性和普遍性的诉求，从而与人类偶发性、不稳定的意志和命令区分开了。

三、自由主义法治观

如果说亚里士多德时代对法治的思考还具有一定的朴素性，是聚焦在一般意义上统治者与被统治者的关系处理之上的，那么近代以来，法治则获得了自觉而充分的发展，并最终成为一种支配至今的法治意象。

近代自然法是从古代自然法的传统中走出来的，一方面在某些论证路径上与其存在一致性，另一方面也与之存在根本的断裂。其中，最为重要的变化就是神的理性被彻底质疑，而人的理性上升到很高的位置，自然也就不再是神性意义上的自然，而成为一种人性意义上的自然，自然权利理论开始成为自然法的核心。与古代自然法从自然正义中推导出自然义务不同，自然权利是建立在人的自然本性之上，是优于自然义务的，这就为人权思想打下了坚实的基础。

近代对统治者的防御是建立在"个人－国家"的界分之上的。在自然权利理论的支配下，个人自由成为近代法治理论的核心内容。近代自由主义法治理论最基本的出发点是个人自由，而国家则被视为一个受到严密监督的社会服务机构，法治的核心目的就是保障个人免受国家的侵害。在这样一个基本目的的支配下，产生了两个重要的政治原则：基本权利与国家权力分立，相应的制度安排也以此二者为基础来展开。首先，通过基本权利确定了个人和国家的位阶关系：个人自由优于国家原则。个人自由作为政治终极目标原则上是不受限制的，而国家在与个人互动的过程中，由于存在侵犯个人自由的可能，因而

---

① ［英］约翰·洛克．政府论（下篇）．叶启芳，瞿菊农译．商务印书馆，1964：103.
② ［法］孟德斯鸠．论法的精神．张雁深译．商务印书馆，1987.
③ ［德］黑格尔．法哲学原理．范扬，张企泰译．商务印书馆，1982：358.

其必然受到限制，这在制度上表现为通过宪法规定一系列基本权利来限制国家权力运作的范围。其次，权力分立原则的建立，为了保障基本权利的贯彻与对国家权力的预防，在具体国家权力组织方面实施一种"权力分立"的原则——将国家权力分为立法、行政、司法等几项权力，不同权力分属不同部门，其目的就是让诸分立的权力相互监督制衡，从而将作为整体的国家权力予以有效控制。

在这两个基本原则基础上，更细化的组织原则集中在权力分立原则的达成方面。参考施米特的划分，我们可以将权力分立领域的细分原则总结为以下几个：第一，依法行政原则和法律保留原则。国家的全部行政活动必须受制于法律保留原则，即公权力对个人自由的侵犯必须以法律为依据。第二，权力限定原则。所有国家权力必须受到监督，一切国家权力活动被纳入法律规定之中，权力转化为权限。第三，法官独立原则。法官独立原则不仅仅是在民事、刑事案件中的独立审理，而且包含了司法对行政的监督，全部国家活动都可以通过诉讼的方式置于司法的监督之下。第四，政治司法化原则。将政治冲突以诉讼的方式转变成法律冲突，按照司法程序来解决政治上的利益冲突。这样，自由主义通过这种宪制安排达成了"个人－国家""自由－民主"之间关系的协调，随着这些原则的展开，法治的具体内容也就得到了系统的建立。

这种近代以来最为经典的法治模型预设了法律的实质道德基础：人的自由。也就是说，如果法律不是建立在防御国家权力以保护人权这一理念之上，那么此种法律状态就不是法治。如果说在自然法时代我们可以认为法律必然是保护人的自由的，法律概念之中蕴含着以自由为基础的实质道德判断，那么在接下来的时代自然法的自明性开始消失。

第二节　法治理论与法的一般性的关系

在自然法时代，人们对于法律应该秉持何种实质道德具有高度的共识，特别是建立在自然权利理论上的法治理论，必然要求法律要以保护人权为实质的道德追求。但是随着现代世界的发展，法律的公正性、理性、道德属性都开始变得可疑起来。自由主义的多元价值原则背后所隐藏的相对主义和虚无主义成为现代政治的一个巨大症结，而在近代基于自然权利理论建立的政治正当性受到挑战的同时，法律作为一个独立的领域开始从政治领域中摆脱出来。法律并不必然与道德相关，在事实层面法律可以是保护人之自由的，也可能并没有保护人的自由，但是二者却都是法律。特别是在法律所应秉持的实质道德方面，不同的理论家开始提出不同的价值诉求。如果说近代自然权利理论垄断了人们对法律实质道德的想象，进而成为现代政治正当性的基本标准，那么随着历史主义和事实与价值二分法的挑战，自然权利被历史主义思想家斥之为理论家的幻想。他们承认平等、自由等自然权利或人权的价值，但是反对以理性的名义将这些权利抽象化和绝对化，自由、平等作为人类值得追求的诸多价值中的具体类型并不必然处在绝对最高位置①。这样，随着人们对法律背后所应当落实的价值之共识的瓦解，对于法律到底应该贯彻何种价值才能出现法治状态出现了巨大的争议。有的理论家仍然坚持认为，只有法律建立在个人权利这一实质价值之上才称得上法治；而有的理论家则认为，在个人权利之外尚需要贯彻正义原则才称得上符合法治理想的法律；更有学者认为，个人权利理论具有相当程度的形式性和欺骗性，其可能在维护个人权利的借口下掩盖某些历史上已经生成的不平等（如保护私人财产，但是其财产却是掠夺而来的），进而使得以保护个人权利为唯一判断标准的法律成为一种维护体制化不平等的力量。这些法学家主张一种更加具有实质平等倾向的法治观，如法律只有贯彻社会福利原则，其才是符合法治的②。

正是面对这样一个重大的理论难题，法治理论中开始出现了实质法治与形式法治之分。在价值多元的当代，我们仍然可以如自然法时代一般认为法律必然蕴含有某种实质道德，但是自然法时代的自然法是自明的，人们对法律的价值（如自由）具有高度一致的共识，而自然法消退的当代是一个价值多元主义的时代，虽然我们回避法律实证主义的挑战，认为法律必然需要维护某种道德，但是我们依然在法律维护何种道德上分歧丛出。此时如果我们继续坚持法治所要求的法律品质之判断标准依然是某种实质性的道德，也就是坚持法治是一种善法之治（无论此中的善的具体含义为何），那么就会如拉兹所言，主张法治的理论家就需要提出一个完整的社会哲学，而这将会使关于法治的讨论陷入何为社会正义、法律应该保护何种权利等一般性的社会政治哲学问题。这样，政治理论将全面地侵入法治的探讨框架之中，从而剥夺了法治独立于一般政治理论的独特含义。因此，为了挽救法治这一观念的独特意涵，一种与主张法律必须包含特定道德的实质法治观相区别的形式法治观也就被提了出来。无

---

① ［英］埃德蒙·柏克.法国革命论.何兆武，许振洲，彭刚译.商务印书馆，1986：316.
② ［美］布雷恩·Z.塔玛纳哈.论法治——历史、政治和理论.李桂林译.武汉大学出版社，2010：117.

论是富勒的"内在道德"，还是拉兹的形式主义法治观都主张法治不与民主、正义、人格尊严、人权等价值相混淆，转而从形式方面考察法治。无论是拉兹还是富勒，都从法的一般性出发，推演出法律的各种属性，如不溯及既往、相对稳定、明确性、独立的司法机关等形式特征。这种法治理论的一个结果就是，可能某些在道德上令人反感的政权统治同样符合法治，而即使是民主政体也不总能达到法治的标准。

可以看到，关于法治的论述从古至今核心目的并未发生变化，都是为了通过稳定而抽象的规则来限制任意的人治。而从论证策略层面来说，古希腊的法治言语的核心在于，通过法律的普遍、理性特征来区分法律与一般统治者的命令。这是法律的性质层面，其隐含的另一个层面是法律同时反映普遍的善，而这种善在近代以前是自明的，可能是自然正义或者宗教的道德。其为"法律的普遍性质"预设了法律中包含自然正义的实质道德。而到了近代自然权利时代，法治的目的依然是寻找对专制的制约，但是其通过将政治正当性的唯一基础建立在自然权利之上，使得法律只有通过其内容符合个人权利这一实质道德才是符合法治的。此时的法治论证基本上集中于法律的符合个人权利这一实质道德（并辅之以各种政治建制）方面，但是并没有特别强调法律本身的特性。也可以说，在法治发展的这个阶段法律本身的性质并不重要，因为此时的法治理论具有强烈的价值区分的作用。形式上再完美，只要不符合个人权利保护的价值指向，那么这个法律就是恶法，而恶法是法治的对立面。可以说，围绕个人权利建立的自由主义法治观在观念意义上依旧支配着我们对于法治的认识，拉兹所批判德里法治宣言以及当下涉及法治的各种文献莫不如此。但是社会观念的发展与理论的发展并不是同步的，如果说近代以前的法治理论表达了对某种政治理想的追求，那么近代的法治理论则表达了一种革命性价值观。这不仅仅是一种理想的呼吁，而且是以在政治现实中具体落实为目标的。也正因为如此，近代自由主义法治观特别是其背后所包含的个人权利之价值观的落实是西方文明的伟大成就。其已经进入现代各种国家建制之中，因此其依然保有巨大的观念影响力。与前两者不同，当代以形式主义法治观为代表的法治理论并没有直接的实践诉求，而更多的是比较纯粹的理论兴趣，其不追求某种政治理想在现实落地，而是追求一种概念上的明晰性，澄清各种复杂政治理论背后的概念限度。当前，从基本学理上来看，当代社会不仅自然法的自明性已经丧失，那些原以为是法律必然特征的各种实质价值也成了问题，法律开始与道德分离，无论我们在实践中更倾向于何种实质价值，法律在概念上与某项实质价值存在必然的联系这一观点受到了强烈的挑战。而此时我们如果依然想要保持法治观念的独立意义，维持法治作为一个政治理想的地位，就必须重新回到法律本身的特性上，而此时有一个特质不能放弃，如果放弃的话，那法治本身也就荡然无存了——这就是法的一般性①。

第三节　法的一般性的法治意义

可以说，法治就是对人治所代表之统治者权力的控制与克服。法治之所以具有此种能力就在于法律本身所具有的特性。法的一般性是法律维持自身对于政治独立功能的底线性保障。在现代法治文献中法的一般性并没有获得足够的重视，也正因如此才产生了被施米特称之为"形式法律"的概念。其基本的内容就是将法律定义为立法机关根据立法程序制定出来的东西。在这样一个观念的支配下，"立法机关可按法律形式处理随便什么样的可能事务，立法机关用立法程序的魔杖触碰过的一切东西都变成了法律；预示，所谓'法律的统治'就不过是受托立法机关的统治而已"。②这种立法机关通过法律的形式可以强占一些事物的观点是错误的。法治理论的最根本目的是通过法律的保障机制来防止一切专制主义，它不仅要防止行政机关滥用权力，而且要防止立法机关的专制，这就必须对立法机关有一个限制，并非其所有命令都是法律，而仅仅其中符合某些特定品质的命令才是法律。在立足于外在价值的实质法治观受到巨大的理论挑战之际，唯一能够承担这一功能的就是法律自身的品性——法的一般性。通过坚持法的一般性，就能够防止以下情况的出现，"立法机关将一项个别的命令、措施、指令与'法律'混为一谈，从而用其自身的统治来取代规范的统治"。在这个意义上可以说法的一般性是我们依然维持法治的理想概念，也是最重要的基石。

一、法的一般性是权力分立的前提

前文所述自由主义经典法治观的核心是通过限制国家公权力以保护人权，在这一核心目的的支配下产生出两个重要的原则：基本权利和权力分立。可以说权力分立这种建制化的组织安排本身在法治理论中处于一种派生性的地位，但其依然是我们当下主流法治观念的重要组成部分。而法的一般性的意义在于

---

① ［德］卡尔·施米特.宪法学说.刘锋译.上海人民出版社，2005：198.
② ［德］卡尔·施米特.宪法学说.刘锋译.上海人民出版社，2005：201.

其不仅为维护法治理论的存续提供了一个最后的底线，更为重要的是其也是权力分立理论的基础和前提。在上文说到，"形式意义上的法律"认为只要是有关机关按照立法程序制定出来的事物都是法律，明显是一种政治上的滥用。因为，即使宪法规定了由谁来制定法律，我们也不会认为立法机关就可以通过立法来实施行政行为，也不会认为立法机关可以通过立法程序来裁决诉讼。其核心原因在于，立法机关的存在前提是立法、行政、司法权力的分立，如果取消了这个前提而认为立法机关只有通过立法程序制定出来的都是法律，那么"法律的统治"就会退化为立法机关的专制，从而取消了立法、行政、司法的一切分立。如果说权力分立是立法机关存在的实质前提，那么法的一般性恰恰是权力分立的前提。只有当法的一般性理论预设了法律的概念，将法律与不具有一般性的命令、措施区分开来，立法机关的专制主义才能实施逻辑上的限制，权力分立理论也才有了存在的可能。而相反，如果没有法的一般性，18~19世纪通过法治反对君主专制的理想最终就会被多个政治党派所取代。

二、法的一般性是限制行政权力的基本前提

上文我们看到法的一般性通过法律的"一般性"和命令的"特殊性"维持了一种特殊的法律概念，从而对立法机关作出了限制，并奠定了权力分立的基础。一般来讲，专制更容易发生在行政机关层面，而法律通过法的一般性和适用的特殊性进一步限制了行政机关的权力。也就是说对于民主自由和财产的侵犯必须依据一项法律来进行，否则该侵犯就是非法的。这样一般性的法律成为了行政机关实施行为的前提性条件。如我国宪法第十条规定，"国家为了公共利益的需要，可以依照法律规定对土地实行征收或者征用并给予补偿。"第十三条规定，"国家为了公共利益的需要，可以依照法律规定对公民的私有财产实行征收或者征用并给予补偿。"类似的规定在任何现代国家法律系统中都广泛存在。通过这样的一种法律保留机制，如侵犯公民财产的征收行为本身就不可能采取法律的稀释，也就排除了通过形式意义上的法律来实施征收的可能性。这样立法机关和行政机关的分离，就通过法的一般性发挥出了作用。同时也可以说法的一般性是公民自由的一个重要基石。

三、法的一般性预设着平等观念

在现代社会，"法律面前人人平等"已经成为一个最为重要的观念，我国宪法第33条规定，"中华人民共和国公民在法律面前一律平等"。而得到正确

理解的平等观念在法律中就是法的一般性。法律面前人人平等至少包含着两层意思，一层是执法机关要平等适用已经颁布的法律；另一层也是更为重要的，是任何人不得以法律的形式享有任何特权和豁免权。而法律就是尽量把平等包含于自身的事物，只有这样其才能够成为一般性的规范。前文说到一般性使得法律和个别命令区分开来，其中一个极为重要的原因就是一项个别的命令是没有平等可言的。例如，英国历史上曾经存在过的将人驱逐出境的命令。人民是无法针对一项这种命令来谈论平等概念的，因为它仅仅涉及一个人和一起个别的事件。而任何个别事件和个别命令是与法律和平等不相容的。一项个别的命令没有平等可言，而法治意义上的法律是一种受到平等观念支配的规范性规定。"一项规定必须在能够影响到至少绝大多数的事情，也就是说，它必须是一般规定；只有在这种情况下，才谈得上平等"。[①] 也就是说，法的一般性是平等观念在法律层面落实的逻辑前提。当然，需要说明的是，法的一般性只是预设了平等的观念，并不必然会导致平等的结果。

四、法的一般性是法治原则其他衍生机制的基础

法的一般性是抽象意义上法的首要属性，具体到法治这一法的形态也依然如此，并且二者的关系愈加紧密。从上面的分析已经可以看出，法的一般性对于权力分离、限制权力以及平等等法治要素具有预设性功能，不仅如此，法的一般性还是法治原则其他衍生机制的基础。以法官的独立性为例，一般认为法官独立于官方的命令，而仅仅服从于法律，这里就存在一个独立性与从属性看似悖反的关系，而要理解这样一对看似矛盾的关系，必须回到法的一般性的层面。上文我们已经述及，正是法的一般性使得法律与官方命令区分开来，二者在法治的语境中是一个对立的范畴。如果立法者的任何命令都是法律，并且所有这些法律必须得到法官的执行的话，那么在理论上立法者就可以利用法律的形式向法官发布一些具体的命令（如以"法律"的形式处死某人），此时立法者也就成为了法官的上级。而法律一般性区分了命令与法律，使得立法者所发布的不具有一般性的命令不是法律，因而法官可以不予执行。这样就可以保证法官在从属于法律的同时，可以独立于其他官方机构。也就是说法的一般性使得法官独立成为可能。再以"法无明文规定不为罪"为例，如果没有法的一般性为立法者做出限制，那么立法者的命令与法律也就无法区分开来，如上文

---

① ［德］卡尔·施米特.宪法学说.刘锋译.上海人民出版社，2005：121.

所言，立法者就有可能以法律的形式将某个具体的人处以刑罚或者投入监狱。很显然，这种情况是一种立法者的专制主义，是法治的反面。法律与命令界限的消失使法无明文规定不为罪的基本原理失去了任何防范专制权力的功能。只有坚持法的一般性这一先决原理，法无明文规定不为罪的刑法原则才能真正发挥作用。

总之，通过梳理法治的发展史，回顾上一章法律一般性的社会渊源，我们可以发现，在现代社会，当法律是一种符合公正、合理、理性等实质价值的规定，在价值相对主义的冲击下以及变得岌岌可危时；当自然法的自明性消失，同时法律中的理性已经变得不再那么坚实时，如果说法治自身没有成为一项可以被任意实质价值利用的工具，甚至法治可以不被利用，从而成为加强专制主义的工具的话，法治这一概念就面临被抛弃的危险。而如果我们认为法治这一概念尚具有某种独立的意义，那么，它所依靠的一个最为重要的基石就是法的一般性。正如狄骥在《宪法学教程》中所言，"法律也许是糟糕的，很不公正，但是，由于法律具有一般性和抽象性，这种危险就减少到了最低限度。法律的保护作用，甚至法律的存在理由都在于这种一般性。"①

---

① ［法］莱昂·狄骥. 宪法学教程. 王文利，等译. 春风文艺出版社，1999.

第四章

转向内求：法的一般性的形式阐释

正如富勒所言，法的一般性要求要有作为规范[①]的法的存在，涉及法的存无。只要有规范的存在，就会有规范的一般性；只要有法规范的存在，就是对其适用范围内的对象普遍适用的。除非经由特别规定放宽或限制所适用的范围，否则一般性的法律一概会把其疆域内的所有人民纳入其管辖之下。[②]富勒和哈特作为现代价值法学和实证法学的代表性人物，不约而同地谈到法的一般性的形式表现问题，这足以引起法学研究的思考。如果说经过多年的理论纷争和自我理论修正之后，两者有所融合并取得了部分共识的话，法的一般性的形式性解读和阐释就是其中重要的方面。法的形式一般性无论是对于价值法学的程序法治或者形式法治而言，还是对于实证法学的规范研究而言，无疑都是十分重要的。正如对于法治理论中一般性的探讨所展示的，即使抛开法治的实质价值方面，法的形式一般性对于法治的诸多价值的实现都具有前提性的奠基意义。在这一点上，法的形式一般性有效沟通了价值法学和实证法学，也使对与法的一般性的研究更多地转向了形式性的方面。

传统上，一讲到法的一般性或者使用更多的法的普遍性，首先想到的就是法的效力问题，或者平等问题。法的效力问题一般是在实证法学的领域内被谈论，而平等问题则主要在"法治"和自然法学的领域内被探讨，并且不具有有效的沟通性，这与实证法学和自然法学的理论纷争有较大的关系。实证法学和自然法学长期在各自的领域内独自发展，并对对方持一种抗拒的态度，即使在后期的争论中有所融合，也是为了修补自身理论的缺陷。实证法学和自然法学的这种分野式发展已经影响到了对于法的现象的认识，其中，对

[①] 法作为一种社会规范如果存在，就必然具有一定的一般性。从逻辑学的角度看，规范是一种全称性命题，与单称性的命令相对。学界认为，奥斯丁将法称为主权者的命令被众多学者所批评，凯尔森所称的个别规范也引起了法学用语的混乱和理解的混淆。但笔者认为，对于其命题的理解需要放在具体语境中来理解，逻辑和语言规范都是为表情达意服务的。

[②] ［英］H.L.A.哈特.法律的概念.许家馨，李冠宜译.法律出版社，2011：20.

于法的一般性的认识长期被局限于法的效力领域就是一个例证。但法的效力的一般性只是法的一般性内容的一种形式，不是法的一般性的全部内容。这一章对于法的内容一般性的论述，主要涉及法的一般性内容的具体含义，即什么是法的一般性。法的效力一般性是法的一般性内容的重要部分，围绕着效力的一般性还有一个如何使之具有一般性的问题，或者说一般性的内在机制问题。

笔者对法的一般性的形式内容的阐述，将采用总－分的结构进行。在总的法的一般性方面，笔者将直接定位法律体系的统一性，即法作为一个法律体系，其应当保持意义的统一性和一致性，即此法体系非彼法体系，法体系的内部应该保持和谐融贯。在法的类型化内容一般性的论述上，由于学界对法的效力的一般性问题已经进行了较为成熟的探讨，也形成了比较系统的理论。本章对于法的一般性内容的探讨在体例上将对一些成熟的讨论范式加以借鉴，在法的一般性的内容类型上按照法的效力类型的一般性思路进行分析，即对"空间""时间""人""行为"四个类型化内容的法的一般性进行阐释。

第一节　法的整体一般性

在进行类型化一般性内容说明之前，笔者觉得有必要先探讨一下法的整体一般性问题。法作为一种社会性规范，其关注的是行为，没有方法对人的思想作出规范，思想被诉诸于道德等自规范类型加以规范。除了这类对象的排除外，一般来说，法对于其全域具有管辖效力，但法的这种全域性管辖效力是整体性的，这种全域性的管辖权限的实现在法律体系内部是按照一定的逻辑进行权力分配来实现的。就法的个体而言，具有全域效力的法严格来说只能是"宪法"或者"基础规范"。按照"宪法"学说，或者凯尔森对"基础规范"的解释，"宪法"或"基础规范"是其他法律的渊源，其他法律都由"宪法"或"基础规范"派生而来，可以将其他法律统称为衍生法律或者次生法律，其他法律都是"宪法"或"基础规范"的下级规范。

"宪法"或"基础规范"既然是一个全域性的一般法律规范，其继续分权的依据或者目的何在？笔者认为，可以从两个方面来理解。一是法律规范的完备问题。"宪法"或"基础规范"作为原生性规范，其产生之初只能对于当时社会的主要内容作出规范。"宪法"或"基础规范"比较"简陋"，或者说比较宏观，一方面确实是为了用概括、简省的语言囊括尽可能多的内容，以保持其稳定性和权威性。另一方面，一个可能的事实是，"宪法"或"基础规范"作为原生规范在其产生的初期原本就是当时规范简单生活的"简陋"规范。即使考察近现代的立宪国家的宪法创立情况也可以发现，一个国家的"宪法原本"都是在国家建立初期国家机构没有完全建立情况下制定的。宪法制定之后，宪法制定机构即行解散，由新的立法机构对宪法进行后续修改完善，并制定新的次级法律规范。单纯就"宪法"或"基础规范"而言，其具有"简陋"的特点。为了应对社会的发展，使法能够对社会继续发挥规范作用，法律规范的发展和进一步完备就成为一个亟须解决的问题。在"宪法"或"基础规范"的规范下，以保持法的价值一致、总体框架稳定为前提，允许立法机构对"宪法"或"基础规范"进行细部修订，并授权其根据社会发展制定次级规范，是一个解决"宪法"或"基础规范"静态、简陋问题的有效方式。二是法律规范的分工是法律走向体系、严密的必然结果。人类社会的发展是一个不断分工，社会组织体系日益分化的过程。法作为一种社会现象，其发展成熟的一个重要标志就是法律体系的层次性日益繁密，法的内部出现了分工。法的内部分工，在纵向上出现了国家法与地方法的效力层级上的分工，在横向上出现了程序法与实体法的分工，在程序法和实体法内部又出现按照法律部门进行的进一步分工。法律规范的分工要从社会分工的社会事实中需要现实根源。而从法律分工的结果来看，用不同性质的法律规范来规范不同性质的社会行为考虑到了社会的异质性和分化现实，其规范效果优于社会规范混合的规范效果。

法的分工是社会发展的一个衍生结果，也是法为了应对社会发展，克服静态、简陋缺陷所作的一种主动发展。虽然按照宪法理论和凯尔森的"基础规范"学说，按照分工发展出来的法律规范都"以一个最高的规范即基础规范为终点，这一规范，作为整个法律秩序效力的最高理由，就构成了这一法律秩序的统一体"①，与此同时，法的内部冲突作为一个事实还是会呈现出来，冲击着法的整体一般性，需要得到有效处理。在法的分工、分层背景下，法的整体一般性的保持有以下几种主要路径：

一是严格立法权的分配，加强法律合宪性审查。立法权的统一是一个统一的法律体系形成的立法权设置基础，但分权体制下权力本身的分割性，以

---

① ［奥］汉斯·凯尔森. 法与国家的一般理论. 沈宗灵译. 商务印书馆，2013：193.

及社会分工背景下专业主义的兴起，使立法权也遭到分割。立法权力分属于不同的主体，并根据各立法权关系，分为分权型立法和分工型立法。分权型立法一般以某种类型的自治为前提，地方和中央就立法事项作权力性划分，各自在自身的立法权限领域独立行使立法权，互不统属。分工型立法则有一个立法权力中心，次级立法权力都来源于中心立法权的授予，其权力行使的权限、方式及结果都必须在授权的框架内进行。分权型立法和分工型立法在世界范围内皆有现实实践。要保证立法权分割状态下的法制统一，两者并无优劣之分，关键是严格按照各自的权力逻辑进行立法权限的分配，保障立法权限分配的合体制性。立法权限的分配要么是结构性分配，要么是功能性分配，具体立法权限分配要符合立法权限分配的最初目的并系统、不矛盾地贯彻下去。从直观上看，分工型立法似乎更能保障法的统一性，实际上，分权型立法体制下，法的统一性、一般性并没有受到伤害，甚至具有了更大的包容力，如英国和美国的法体系中甚至容纳普通法和大陆法两种类型的法。除此之外，加强合宪性审查是现代世界各国的普遍性做法。不论是何种立法体制，只要是在一个法的统一体内，总有一个共同的"宪法"或者"基础规范"。这个共同的"宪法"或者"基础规范"是整个法体系的逻辑聚集点，就像概念法学所设想的那样，以"基础规范"为统领，次级规范按照逻辑生产从而形成"公理"型推演规范体系。概念法学和规范分析法学在法律规范的表达上、法律结构的设置上上做了有益的尝试，但正如批评者通过"概念的裂缝""语词的空缺结构"或者通过可表达性和全知性条件的不可具备性所指出的，落实这一规范体系十分困难，法律规范的冲突难以避免。建立一种基于宪法或"基础规范"的法律审查机制进行合宪性审查，以保障法体系的统一性已经得到普遍的认可。虽然各国建立的合宪性审查机制在审查机构设置、审查时间、审查的提起方式、审查的程序方面各异，但这一审查机制一般在审查依据、审查主体等方面设置了稳定性、统一性和权威性标准，这又在形式上保证了法体系的一致性。

二是法律原则与法律规则作为法的要素的双重配置。法律实证主义对于道德的拒持是全面性的，如将法限定为具有明确、确定指向的规则系统就是其中一个表现。德沃金在与哈特的学术争论中系统阐述了法律原则与法律规则的区别，论证法律原则作为法的要素的正当性，提出法律原则也是法律义务的来源。[1] 阿列克西接续德沃金对法律原则与法律规则区别与功能的分析，对法律

---

[1]　［美］罗纳德·德沃金.认真对待权利.信春鹰，吴玉章译.上海三联书店，2008：58-63.

原则处理规范冲突的功能与方法以及法律原则对于维护法体系统一的作用做了深化性论证。其核心命题就是法律原则是基于整个法律体系的最佳化命令[①]和正确性宣称命题[②]。法律原则内部可以进一步作区分，最高层的原则（如法治国原则、社会国原则等）和下位原则（如民法的诚实信用原则）对于法律冲突的处理及法律体系统一的作用机制又不尽相同。

三是设置了法律之间的位阶关系，法律在产生效力冲突的情况下，可以根据效力位阶来决定法律规范的确定问题。可以说，法律的位阶问题在保持法律体系的一致性，防止法律冲突方面是一个基础性的效力机制。法律的位阶在一定意义上可以看作一个立法权力的分配问题，在法律实施中法律的位阶却演变成了一个法律规范的效力确定和协调机制。用法律的位阶关系来处理法律冲突问题，相较于用法律原则碰撞方法的强论证责任而言，只需要借助对法律规范的层级和性质进行准确识别就可完成。正是借助法的位阶效力机制，法在整体上保持了一致性，也对现实的法律规范的产生和运行机制具有累积效应。这种一致性使看似分离的法律规范体系在整体上实现了一般性。不同的法律部门、法律规范、法律条文的整体协调，使整个法律体系成为了一个意义共同体，使法体系在整体上具有一般性。

第二节　法的一般性的类型化内容

法的一般性在法体系内部还有较为细致的体现，对于较为具体的法的一般性内容，按照什么标准来择取关系到对法的一般性内容说明的全面程度和深入程度。法的效力的研究在类型选择和确立方面的成功值得借鉴。法律效力是指法律规范所具有的约束力资格，是一个应然资格，表明法律规范意图达到的法律影响范围效果。其大体包括四个方面的效力方向，即时间、空间、"人"（主体）[③]和行为（事件）。[④]法律实际上只考察和关注"行为"，但行为必须附属于一定的主体，而且行为必须具备一定的时空场域，时空是行为和"人"的

---

① ［德］罗伯特·阿列克西.法律原则的结构.雷磊译.浙江大学出版社：公法研究（第七辑），2009：468-469.

② ［德］罗伯特·阿列克西.关于法的本质之论据的性质.雷磊编译.载［德］罗伯特·阿列克西.法：作为理性的制度化.中国法制出版社，2012：310.

③ 法律上的人包括自然人和拟制人，笔者沿用这一概念。

④ 对于法的效力的论述文章较多，主要从效力与实效的关系、效力的表现形式等方面加以论述。从法的一般性论述的不多，这方面比较突出的成果应该算是边沁的《论一般法律》第九章《法律的普遍性》。参见［英］边沁.论一般法律.毛国权译.上海三联书店，2013.

存在形式 ① 要素。可以发现，法的效力内容类型的选取基本抓住了法律规则逻辑结构的主要构成要素，而法律规则逻辑结构在设计时就力图将需要涵盖的法律要素吸纳进来。因而，笔者下面对于法的一般性内容的讨论也将主要按照这四个内容分类进行讨论。

一、法的空间一般性

就法律效力的空间一般性而言，法律在其制定主体辖制区域内是普遍适用的，法律的适用空间范围一般都是由其制定和发布主体的地域性权限先行给定的。法律制定主体只能在其权限地域范围内发布法律规范，其制定的法律一般及于其权限范围的全域，但也可以发布限于其权限地域范围内的一定地域的法律，前提是符合其法律制定权限授予的基础规范。这是法的效力空间一般性的主要内容，主要是从表现形式上来说的，其内部还蕴含着一定的机理。

一定的地方或者疆域是一个政治组织体赖以存在的物质基础，对于现代国家而言，领土更是其构成要素之一，也是主权行使的基本系属联系要素。法的效力对象确定的两大原则分别是属地原则和属人原则，后来为了中和两者的冲突，又发展出了综合或者折中原则。从法的效力系属原则的发展来看，地域一直是法的效力对象确定的基本考量因素，即使后来随着"人"在法中地位的抬升，属人原则得到拓展，但在现实政治与法律中，对于人的法律认定所进一步依据的还是地域。因而，属人原则也是一种变形的属地原则。即使是主张属人原则的国家，其对于效力对象的实际管辖的实现也取决于属地国的配合以及现实的国家实力。属地原则具有现实性的原因就是，现实中政治国家是建立在一定的领土之上，包括法律设置在内的国家机构也是按地域分层设立的。这就导致法以及法的设置都与特定的空间紧密联系在一起。除此之外，以一定的地域为基础，长期生活于此的居民在共同生活的过程中形成了对社会的共同认识，这种认识受到特定地方自然环境、人文传统的影响，"十里不同风，百里不同俗"，法也因为其地域性特色被称为一种"地方性知识"。属地原则关照到了法律设置的地域性，也吸收了法律内容的地域差异因素。

1. 法律对于地域的效力。凯尔森指出："国内法律秩序对某一领土即对狭

---

① 康德将时间和空间看作人的感性直观形式，指出了空间与时间对于认识或知识的基础作用。现在的争论关键在于空间和时间是内在的还是外在，如果是外在的，是附着于物的，还是处于人与物之间，作为二者的中介。但不论哪种形式，人以及行为都是特定时间和空间的，时间和空间都是任何行为的定义形式。

义的国家领土，具有排他性的效力，以及在这一领土内的所有人仅仅具有排他性地从属这一国内法法律秩序或这一国家的强大强制权力"①。在一个法域内，只有一个单一的法律秩序对于该法域内的主体行使管辖权力，这种管辖权力具有排他性，其他域外法权不得在该法域内行使。法域内法权的单一性、排他性保证了一个法域内法律规范的一致性、一般性，即在同一法域内的法律主体普遍受同一法律体系的管辖，而不必遵从与之相异的法律规范，或者受到与之相异的法律规范的管辖。通过地域这一要素，现实中共存的法律规范体系或者法律秩序得以在各自法域中发挥作用，处理相互之间的管辖关系。管辖原则从一般性的意义上讲，就是确保一定地域内法律规范的一致性，即法律内主体适用的是同一套法律。地域内法律规范的统一性是法律规范地域适用一般性的前置性条件。

2. 法律是一种地方性知识。从世界范围看，法律有大陆法系和普通法系两大法律体系。而在两大法系内部，大陆法系又细分为德国法传统与法国法传统，英美法系内也有美国传统与英国传统的区分。中国在清末修律以来的法律更新运动中，虽然大量移植了外来法规范，但在亲属、继承等领域还是保留了不少中国传统的要素。在法的领域内，即使舍弃国家这个政治体对于自我法权的维护，法律规范在世界范围内也依然没有完全一致化的可能。法律规范作为一种规范社会生活的人造物，既要受到其所规范的社会生活的框定，还要受到生活与特定地域的人的思想修剪，其地域性特点难以湮灭，哪怕现代社会不再具有像孟德斯鸠所阐述的那种地理环境与法之间的类似决定性的关系②。而法律人类学、法律民族学乃至历史法学的部分理论，都带有一定法律地理学的成分。喻中教授出版了一本《法律地理学》，专门论证了法律具有明显的地理属性或地理空间属性。究其原因，就是法律规范要具有实实在在的法律效力，必须与其所规范的社会具有真实的血脉联系，将其所来源于、提炼于社会的社情民意融入进去，将法律规范融化到其地域社会之中，实现社会和法律规范的同频共振。法律规范与地域社会的内在同一与亲和是法的空间一般性的实质性条件。

3. 地方性立法侵蚀法的一般性吗？在开放性社会，人、资源、信息实现了全要素自由流通，社会的趋同性越来越明显。而开放性社会形成的一个基本条件就是社会制度、社会要素的标准化，从而可以供不同的主体在任意环境

---

① 〔奥〕汉斯·凯尔森. 法与国家的一般理论. 沈宗灵译. 中国大百科全书出版社，1996：238.
② 〔法〕孟德斯鸠. 论法的精神（上卷）. 许明龙译. 商务印书馆，2014.

下取用。开放性社会和其需求条件之间是一种双向强化关系，现代社会开放性的迅猛增长有赖于这种双向强化的良性机制。在法律领域，从国际刑事司法最低标准到民事统一规范，法律的统一化在法律的诸多领域展开，并得到国际组织、国家的支持。法的内容一般性在空间和一定程度上已经跨越了国家的界限，走向地区法律统一和部分部门法的国际法律统一，法的空间一般性长期进一步和增长的趋势越发明显。与此同时，在各法域内部，地方性立法运动也在大力推动。那么地方性立法会对法的空间一般性产生抑制吗？以我国为例，我国的地方立法分为两类，一类是民族自治地方的自治立法，另一类是普通地方的地方治理立法。这两类立法按性质来说，都不属于分权性立法，而基本属于分工性立法；也均不属于结构性立法，而属于功效性立法。分工性立法和功效性立法都属于一个立法中心，并在统一的"宪法"或"基础规范"的归拢下，追求立法效果的实际效能而进行的一种立法分散活动。这样的立法活动受到中央立法权的严格约束，被要求不能与上级规范相抵触，要求采取备案、批准等措施才可实际生效。因而，地方性立法在很大程度上可以被看作是统一立法权的延伸，做了一些统一立法权想立但没有精力立、立不好的法。从已有的地方立法成果看，诸多地方性立法之间、地方性立法与一般法律之间在立法体例和篇章结构上并无多大差异，主要差异点集中在地方特色事项上，也就是各地方的专有事项上。因而，地方性立法会照顾本地的特殊情况，但特殊情况的存在是一个社会事实，其对于一般法起到的是补充或者适度变通功能。按照社会发展的趋势，某些差异点随着社会公共性的降低，会逐渐退出法的领域而变成一个私人生活领域的事实存在。

　　这里再谈一下法的空间性效力问题。法的效力等级划分的根据在于制定机关所代表的人民利益的层次和范围，而衡量法的效力等级的具体标准则是制定机关的地位和立法权的性质。[①] 在空间方面，一般而言，辖制空间地域广的机关的地位高于辖制地域狭的机关的地位，其制定的法律效力是全域性，即使是在辖制地域狭的机关的辖域范围内一般也是优于地域性机关制定的法律的，地域性机关制定的法律属于全域机关制定的法律的特别法的除外。同时，辖制空间地域广的机关也可以为其管辖范围内的某一个具体的地域制定法律，并将该法律的效力限定在具体地域内。一般法律都会有一个效力条款，规定其效力范围，包括空间效力范围。除了在立法上有效力空间问题外，法律实施机构也

---

　　① 杨忠文，杨兆岩.法的效力等级辨析.求是学刊，2003（6）：74.

是按照地域空间设置的，行政执法机构由于其科层性严格按照地域来设置，因而具有鲜明的地域性；司法机构在基础层面也是按照行政区划地域设置的，只是随着管辖层次的提升，行政区划的地域性才随之递减。源于这种地域性设置，法律实施机构对于法律案件的管辖主要依据案件事实与其管辖地域的联系。由立法和法律实施构成的法秩序在空间上具有一般的适用力，与人进入某一法域就会被适用该法律的法秩序不同，某一特定法律空间内适用的都是一种稳定的法秩序，除非该空间原有的法秩序被替代或者被更新。而法秩序的替代和更新按照法的安定性原则，其发生频率相对较低，一个法域内的法秩序在空间上具有一般的适用力。

二、法的时间一般性

时间是事物存在的基本形式之一，与空间一起构成了存在的两个向度。法作为一种社会存在，也具有时间属性。吴经熊在《法律的三度论》中就提出，"每一个特殊的法律，均具有三度。一是时间度，所有法律均存续于一定时间之中，都具有时间属性"。

一部法律自公布之日起或从法律规范内部、外部确定的特定日期起，产生其效力，并在被新法取代、修订或被特定文件宣布废止前维持其效力。在一个法律规范存续期间，该法律规范对于其规范对象具有前后的一致性，这种前后的一致性就是法的一般性在时间维度上的体现或者要求。法的时间一般性要求，在一部法律的生效期间，不能用临时命令暂时性地取代正在生效的法律，也不能在短时间内频繁地变动法律，缩短法律的生命周期，更不能用溯及既往的法律取代生效期间所做出的规范性评价。法的时间一般性与法的时间稳定性一致，就是法需要在一定的时间长河中保持稳定。法的时间一般性要求在一定时间限度内适用同样的法律，追求在一定时间限度内对于法的规范评价安定性的掌握，以发挥法律规范的指引、预测功能。

法在时间上的一般性，即在一定时间段内保持内容的稳定、适用的稳定性，主要是基于以下三个原因：

一是法作为一种行为规范，要对行为产生引导作用。而法要具备并发挥这种引导作用，除了在进行规范表述的时候应当按照规范的逻辑结构给出具体的行为指示之外，这种指示还必须在其指示对象意识中建立起明晰而稳定的意义。按照认识论的知识，人对于事物特别是抽象事物意义的认识是一个渐进的、部分的意义形成过程。事物本身的每一个变动都会打破原有的认识过程，迫使认识主体对其所认识的事物现象进行意义重组。正是认识到了这一点，法律规范为了保持稳定性，在技术上主要采用类型、概念等从具体事物中抽象出来的"大词"来进行规范表述。这在增加法律规范稳定性的同时，也一并加大了法律规范认识的难度，又反向要求法必须保持一定的稳定性，形成了一个稳定性螺旋。

二是法是一定社会稳定的社会关系的反映，具体内容由其产生的社会关系决定，社会关系是法的实质基础。"不管生产过程的社会形式怎样，它必须是连续不断的，或者说，必须周而复始的经过同样一些阶段"[①]。社会关系本身就是一个稳定的连续体，是社会主体相互影响、相互博弈形成的稳定的相互关系。在稳定的社会关系中，每一个主体都通过一定社会纽带被定位在社会关系网格的某一点上，这个点受到外界诸多因素的牵制。社会阶层固化就是这种社会关系稳定性达到一定程度的一种极致表现。法作为社会关系的规范物，在社会关系保持稳定的情形下脱离社会关系进行自我调整，容易引起社会关系与法律规范的对抗。稳固的社会关系对于法的变动的抵抗力可以在诸多"变法""改革"失败的案例中看到。因而，法要实际发挥对于社会的规范作用，必须与社会关系实现联动。

三是法的稳定性是法律权威树立的必备条件。亚里士多德就指出，如果经常性地对法律做立改废的变动，民众守法的习惯就会受到削弱，法律的权威也必然受到削弱。[②] 马克斯·韦伯将权威分为个人魅力型、传统型和法理型三种权威形式，其分别在不同社会类型中具有社会基础。不论是何种权威类型，都可以概括为正当性长期累积而成的支配性权力。受众对于权威的信服，是一个长时间正当性检验的自然结果，权威是经历了一定时间内欲求性结果的反复出现来巩固的。法的频繁变动本身就是对于法的权威的一种伤害，法的废止和修改是对于法的一种否定。宪法作为最具权威的法，为了保持宪法的稳定性，各国都为宪法修订设置了严格而烦琐的程序，其程序设置目的就是通过保持稳定来增强宪法的权威。因而，法在一定时间长度内保持稳定，有利于法巩固自身的权威性。

"无论国家采取什么形式，统治者应该以正式公布的和被接受的法律，而不是以临时的命令和未定的决议来进行统治"。[③] 法律规范在其生效期内，就会

---

① ［德］马克思.资本论（第一卷）.人民出版社，1975：621.

② ［古希腊］亚里士多德.政治学.吴寿彭译.商务印书馆，1965：81.

③ ［英］约翰·洛克.政府论（下篇）.叶启芳，瞿菊农译.商务印书馆，1964：87.

持续地对其规范的法律事实产生规范效力。临时性命令本身不是为了取代一般性的法律规范，而只是针对一般性的法律规范的特定时段、特定法律主体、特定法律事实以限制或者去除一般性法律规范规范力的方式起作用，在完成临时命令所承载的特定使命后，一般性法律规范的效力即行恢复。临时性命令不属于法律，其在时间上违背了法律的一般性要求，一般性的法律不是为了急迫、临时性的问题而临时设置的。"文明政府的宪法是不能根据对目前迫切需要的估计来制定，而是按照人类事务的自然和经过考验的程序，根据长时期内可能出现的种种迫切需要的结合而制定。"[1] 临时性命令的存在空间在特定法域还有留存，其临机处置的优点被一些特别法所吸收，如紧急状态下一般法律的某些条款可以被暂时停用，但其"命令"属性被阉割后纳入了一般法的范畴。这时某些法律对于另一些法律的暂时取代不再是任意性质，而是具有了一般属性。而且，一些看似指向单个人、单个行为的规范，如果保持足够的时间长度，这个指向单个人、单个行为的规范也可以在这个时间限度内变成反复适用于一类人、一类行为的一般性规范。

富勒认为，法律的频繁变动和溯及既往具有紧密的相似性，都可以被称为法的反复无常。[2] 法律的频繁变动和溯及既往在时间跨度上改变了"前人"与"后人"对于法律规范一般性的感受。"前人"所适用的法律规范与"后人"适用的法律不具有同一性，在时间上对法律主体做了"前人"与"后人"的划分。而"前人"与"后人"又不一定是一种代际关系，"前人"与"后人"在自然意义上可能就是一个主体，法律规范前后连续性的断裂，在法律上就将一个主体割裂为两个主体。这种法律分裂意味着法律主体需要重新建立对于法秩序的认识，重新调整自身的行为模式，并造成前期的投入成为沉没成本或者无效成本。每一次法律的变动或者每一次溯及既往，形式上改变的是法在时间维度上的一般性，实质上侵扰的是法律主体按照法律规范指引合理安排、预先规划法律行为的安定性和安全感。另外，法的稳定性要求法律规定在一定的时间范围内保持稳定，从而防止处于大致同一的社会境遇中的法律规范的适用对象在法的空间中处于不同的法律地位，遭受不同的法律对待。

"法律是一种不可朝令夕改的规则体系。一旦法律制度设定了一种权利和义务的方案，那么为了自由、安全和预见性，就应当尽可能地避免对该制度进

---

① ［美］汉密尔顿，杰伊，麦迪逊. 联邦党人文集. 程逢如，等译. 商务印书馆，1980：187.
② ［美］富勒. 法律的道德性. 郑戈译. 商务印书馆，2005：94–95.

行不断的修改和破坏。"① 在立法上，法律规范一般会有一个专门条款规定该法律生效的时间问题，在一定程度上明确了新旧两种法律规范进行规范接替的时间。如我国《立法法》第 57 条就规定："法律应当明确规定施行日期。"新法律生效的时间就是旧法律失效的时间，两部法律所规定的施行日期之间的时间就是老法律的规范时效。对于法在一定时间限度内保持稳定性，这个"一定的时间限度"没有一个确定性的数字范围，而是和其所规范社会关系中的法律主体的自身感受有关。社会主体的法律规范稳定性感受，一是受整体社会环境的影响，在社会急速发展或者社会改革时期，社会主体对于法律规范变动的容忍度一般较高，而在社会平稳发展时期，法律规范的变动要获得人们的认可就需要进行充分论证和说服工作；二是取决于法律规范的变动程度，法律规范主要条款、规范目的变动往往需要规范主体进行更大的适应性调整。

法律是面向未来的，仅适用于未来将要发生的行为，从而为将来的行为提供方向和行为模式指引。严格来说，法的频繁变动只是打断了法律对于未来的预期，从而使原来的法律秩序不能继续延续，使法律主体按照原法秩序作出的安排落空。并且，在新旧法律变动期间，一般都会预留一个时间界限，以便让人们有必要的时间做相应的调整。法律的频繁变动增加了法律主体进行法律模式转换的成本，也使法律主体丧失了根据法律规范做长期计划安排的可能。因而，法律的频繁变动是一种消极意义上的时间一般性的侵扰。而溯及既往的法律却是一种积极的对于法的时间一般性的减损。法不得溯及既往是指法是一种前瞻性的行为规范，它是指向其发布之后的未来的行为的。禁止溯及既往实际上是为了贯彻法的一般性在时间维度上的要求，即法应当在颁布之日起或者法律文件所规定的特定日期起对于其后的同样行为发生效力。法不溯及既往要求，后颁布的法律规范不得对于发生于其颁布前发生的法律事实，法律不得"把过去的法律事实的后果纳入它的管辖范围并因此影响这些后果"②。社会环境的复杂化，使人们越发倾向于过一种安全的、有序的、可预见的、合法的和有组织的生活。法秩序之所以成为人们主流的生活秩序，就是法秩序尽可能将一些社会生活条件预订下来，减少了不确定性对于生活的侵扰。法在时间上的一般性，即法对于其颁布后一段时间内的行为具有效力，对于其之前

---

① ［美］E. 博登海默 . 法理学：法律哲学与法律方法 . 邓正来译 . 中国政法大学出版社，1999：402 .

② ［德］弗里德里希·卡尔·冯·萨维尼 . 法律冲突与法律规则的地域和时间范围 . 李双元，等译 . 法律出版社，1999：206 .

的行为没有效力，这就产生了两个效果：一是"所有类型的法律都会进入人们的计算和决策……所有的决策都需要参照某种既定的法律"[①]；二是已经做过的决策除非计算错误，不会因为法律的溯及既往而改变计算的基础，从而是安全和可靠的。法律不能溯及既往，不能将现在的法律或者将来的法律适用于往昔的行为，溯及既往违背了法律稳定生活秩序的基本功能。溯及既往的法律实际上将原本已经由前一法律规范过的法律事实由新颁布的法律进行重新评价，这损害了前法律规范的法律权威，也使得法律主体需要遵守在其行为时尚不存在的、未来的法律，让其承担了预判法律规范发展的不可能任务。如果法允许溯及既往，就会发生对于既往行为的挑选效果，这种挑选可能是对于过往某一个人行为的挑选，或者是对过往某一类人行为的挑选，都会产生额外赋权或者侵夺权益的行为，如"罗姆清洗"事件。可见，溯及既往对于法在时间维度的一般性的减损要远大于法的频繁变动。溯及既往的法律实际上就是破坏了法的一般性在时间层面的实现，禁止溯及既往则是为了保持法的一般性在时间层面的实现。

　　法的时间一般性是法的预测、引导功能得以发挥的基本条件。不论是预测还是引导，都是关涉人的行为方向的，只是主体有"人""我"之分而已，预测主要是对他人未来将如何行动的预估，而引导的对象除了他人还包括自身。一个法律规范要发挥引导、预测功能，以往主要强调的是法律规范的意思必须明细，足以给出明确的行为方向指示。但仅有这一个条件是不够的，另一条件就是行为指示必须足够坚定，能够成为法律主体进行法律行为的依据，并给予足够的时间条件来将据此作出的安排落实下去。前面已经谈到，明确法律指示的建立，不只是一个法律规范的立法技术问题，还涉及法律规范不断地入脑入心的问题。而这里谈到的，法律规范要确实成为行为安排的依据，并实际落实，都要求法律规范在时间维度上能保持一段合理时间的稳定。因而，要实际发挥法的预测、引导功能，法必须在时间维度上保持一般性，不能朝令夕改，更要杜绝溯及既往。

三、法的主体（人）一般性

　　就法律效力的主体（人）的一般性而言，虽然法律规范仅对特定范围的主体课以义务或赋予权利，但就其效力所及范围内的主体而言，法律是一种一

---

① ［美］富勒.法律的道德性.郑戈译.商务印书馆，2014：72.

般性陈述，对规制范围内的人普遍适用，无法外之人，亦无法外之法。对此，西塞罗认为，法本身就意味着一种约束所有人的法令或指令，提出个人例外的法律已经违背了法的基本要求。[①]在法律主体上，法律只考虑调整主体（人）的抽象共同体。其可以考虑将法律主体分成必要的类别，并赋予某类法律主体以特权或者特定资格，但法律不会采取指名道姓的方式将某一主体列入某一类法律主体或者赋予某类特权。总之，一切有关具体法律主体的规定都不属于法律规范的范畴。[②]因而，法的主体一般性可以分为两部分内容，一是法律主体标准的一般性，二是法对于法律主体具有普遍的约束力。法律主体标准的一般性为法对法律主体的普遍性约束提供了规范可能性，没有法律主体标准的一般性，法无法实现对于众多法律主体的规范。

（一）法律主体标准的一般性

法律规范作为一种有效的社会行为调整方式，基本机理就是用抽象的主体规定方式代替了每一个具体的主体，采用一种简省的方式规定了一种抽象主体共同遵行的行为规范。由此提炼出来的行为规范不指向具体的法律主体，而是指向一个抽象的行为共同体。这个抽象的行为共同体即使进一步细分为具体的小类，也不会指向特定的主体。在法律主体的具体设置上，是将所有主体作为一个整体加以规定，还是将法律主体中的某一个群体拿出来进行类别规定，取决于作为一个整体或者类别加以规定的法律主体是否具有法律上意义的共同特性，法律关于法律主体的"类"的规定性根源于现实社会中类法律主体共性的实在。法律不针对具体的法律主体作出规定，很大程度上是纷繁复杂的个体不具有规定性，不可预测，法律也不可能给出个体性的具体指导，不具有现实可行性。法律只提供了法律主体作为群体的行为规范，在共同行为规范之外法律主体具有充分的自我决策空间。

法律规范在其设置之初就被定为了一种社会群体性规范，其对于法律主体的设置只能是大类型的。在现实的法律中，法律主体被设定为了众多的主体类型。如罗马法中，人首先被区分为了罗马人和外国人，并配置了"市民法"和"万国法"；在家庭法中，人又被分为了"自权人"和"他权人"。历史上和现实中，法律主体的类型不胜枚举，但就法律的普遍规范来看，可以用完全的法律主体和不完全的法律主体两类来概括。从一般意义上说，所有的人都有资格成为法律主体，特别是现代法律环境下所有自然人都"是"法律的权利主

---

① ［古罗马］西塞罗.国家篇 法律篇.沈叔平，苏力译.商务印书馆，1999：229，247.

② ［法］卢梭.社会契约论.何兆武译.商务印书馆，1980：50.

体，权利能力的设置在"奴隶""外国人"等权利上降低等级存在，以及组织体等"拟制人"存在的情况下有意义。在经验层面，所有的社会存在物通过法律行为都可以成为法律规范的对象，近两年学者们围绕人工智能是否具有法律主体资格进行了广泛的讨论，这都表明，法律对于法律规范对象的纳入是十分宽松的。但考虑到法律除了经验层面外还有规范层面，因而法律规范会对意图成为法律主体的对象提出规范性的要求，如行为能力的要求、完全意志及意志自由的要求。根据规范层面的标准达成情况，自然人被分为了完全行为能力人和不完全行为能力人，不完全行为能力人又进一步区分为残疾人、未成年人等；拟制人在成立时就被要求同时具备权利能力和行为能力，不存在行为能力与权利能力分离的问题。

法律对于法律主体行为能力设置标准，不只是基于社会主体作为一个社会存在这样一个经验性的考虑，而是基于理性主义进行适度的抽象，但都是为了维护法秩序而提出一种规范要求。对于法律主体标准的设置问题，已有的观点大多也是从这两个角度进行论证的。

（1）理性主义的规范性路径。自苏格兰启蒙运动以来，理性作为论证人的主体地位的有力武器，在与"神性"的对抗中被赋予了人权，使人权成为自然法学新的神主牌。在经济学领域，"合乎理性的人"也被预设为参加经济活动的人的一个基本特征。但是，这个具有经济理性的人实际是一种预设的最佳经济交易者，是对预想的经济交易对手的一般性的抽象。这种经济理性人更像是一种经济领域的道德楷模，受多种因素的影响，只能是一个理论上的抽象概念，在现实经济活动中不具普遍性。苏格兰启蒙运动也揭示了人的另一属性，那就是情感，人还是情感的动物。用一个高标准排除了情感要素的人的标准来规范现实生活中人，是对人性的一种侵害，并且会因标准的高置而令人动辄得咎。因而，理性人假设对经济学的指导意义已经被局限于一些信息披露成分等条件给定明确的特定经济领域。

经济领域作为一个高度专业化的领域，将其标准直接照搬到社会生活领域会产生水土不服的现象。法律的可遵守性是立法的一个基本技术指标，不具有可遵守性的法律就不具备实施的可能。按"理性人标准"设置行为规范标准，实际是要求法律主体完成不可能之事。要求不可能之事的法律的本质在于"借助于它本身的荒谬性来服务于利尔伯恩所称的'不受法律约束的无限权力'"，[①]其目的在于废弃一般性的法。一个完全按"理性人标准"设计的法最

---

① ［美］富勒.法律的道德性.郑戈译.商务印书馆，2014：84.

终会因为标准的强人所难而成为"恶法"；因为不可行而成为"废法"。而何为不可能之事的判断标准究其根本就在于如何设定"一般的社会人"①的标准。"理性人标准"作为一种较高的标准，可以设置在专门法律领域，如对从业人员设置行业准入门槛，明确提出行为标准要求的法律领域。法律中设置"理性人标准"，提出较高的行为能力或者注意义务要求，一般也会按照法经济学等原理，进行标准设置的评估。所以，法律在特定领域设置"理性人标准"一定要具有可遵守性，不仅要进行权利、义务的合理搭配，而且要进行适当的制度激励。

（2）经验主义的规范性路径。"常人标准"是从日常的社会活动角度，对人的行为、意识要素进行一般性概括而设定的标准。这一标准既照顾到了日常社会生活正常开展对于法律主体提出的要求，又关照到了参与社会活动主体的实际能力。"常人标准"是一个维持社会秩序、进行日常洒扫的基本要求，不会对法律主体增加额外的负担。法律上对于法律主体行为标准的设置必须考虑到大多数人的能力水平和道德状况，不能将一般人做不到的行为、达不到的道德水准设置为日常性遵循的法律标准。"人法是为了广大的群众制订的，而其中大多数人的德性离完美的程度尚远。由于这个缘故，人法并不禁止有德之士所戒绝的每一种恶习，而只是禁止大多数人所能慎戒不犯的较为严重的恶行，特别是那些损害别人的不道德的行为，因为，如果这些行为不加禁止，就会使人类社会不能继续存在。"②"这个谁是日常共处中首先和通常在此的人，是个中性的人：常人。"③我国《民法典》规定：18周岁以上的自然人为成年人，具有完全的民事行为能力；16周岁以上的未成年人，以自己的劳动收入为主要生活来源的，视为完全民事行为能力人。这是我国最高民事法律规范关于完全民事行为能力的规定，其对于完全民事行为能力的判定主标准是18周岁，同时设置了16周岁加劳动能力的副标准。心理学的研究表明，人在22岁时，智力发展到顶峰并可以保持到35岁；20岁时，人的人格才发育成熟。生物学的研究表明，人脑皮层到22岁才能发育成熟。近年来，少年的智力随着生活水平的提高发育进程有所提前，但社会心智由于学校学习过程的拉长并没有随之增长。所以，社会上一直有对于完全行为能力设置的质疑。对于这个问题，如

---

① 经济法学派的一个基本假设是"理性人"，事实上在经济领域之外已经破产，在经济领域内部也具有不可争辩的地位，笔者认为"一般的社会人"比较适宜。

② ［德］T.阿奎那．阿奎那政治著作选．马清槐译．商务印书馆，1963：119.

③ ［德］海德格尔．存在与时间．陈嘉映译．上海三联书店，1998：124.

果将"常人标准"思维纳入进来，对于这个问题的质疑就会随之降低。法律上设定的完全行为能力标准只是一个法律主体在社会上进行基本（如谋生）社会活动的标准，而不是按照一个把所有的社会事物干好的标准，是否具有完成更复杂的社会活动的能力以及是否实际参与更复杂的社会活动，不是一个社会用法律设置门槛进行管理的事务，决定权交由法律主体自身进行权衡。法律对于法律主体的判断只是设置了一个全体社会成员共享的行为能力标准，按照一般的社会情况，大部分法律主体在达到这一标准后一般就具备了进行基本法律行为的能力。这是一个"常人标准"，但不代表这个标准不高，正如有不少人在这一标准之上，但也会有一部分人在这一标准之下。"常人标准"依然是一个基于特定法律主体抽象出来的一种理论标准和实践标准，这一标准被设置为法律主体的一般原形。

法作为一种社会性的奖惩机制和规范机制，必须有一个一般性的度量标准，并根据这个度量标准来施加奖惩、评判是非。这个标准应该适宜，其大体包括两部分，一部分是日常生活里的"一般社会人"或者"常人"的标准，另一部分是专业领域的资格标准，或者"理性人"标准。这两个标准都设定和包含了"理性"，但理性的程度是不同的，同时各自领域又有一个共同的标准。这个共同的标准将法律主体按照设定的行为标准加以形塑，使法律主体在法律领域具有了一般性。笔者认为，一般性地适用"常人标准"，局部领域适用"理性人标准"是比较符合实际的做法。

（二）法对于法律主体的普遍约束力

从法律发展的一般趋势和法律的发展历史看，法律一般性范畴下的"人"的范围是在不断扩大的，但自法产生之日起法律就具有基本的质的"人"的一般性，只是在不断伸展和延伸，这从人权的普遍化、国际化中也可以得出。人的一般性的"量"是不断增长的，可以体现为两个方面：一是"人"的内涵在不断生长，越来越多的要素特别是权利被附加在"人"的概念里，"人"本身变得丰满了；二是"人"的范围在不断扩展为奴隶、平民、贵族等不同种类，具有差别、差等的人越来越向一个统一的人抟聚，不具有人的资格的、不具有完全人的资格的人都变成了完全的人。再就是资本主义或者市场经济发展带来的"法人"、组织的发展，使拟制的人成为近现代"人"的扩展、延伸的巨大创造。英国《大宪章》第39条规定："凡自由人除经其同等者依法判决或遵照王国法律的规定外，不得被处以……"[1]

---

① Holt.Magna Carta，p.461.

（1）自然人是最初和最主要的法律主体。人在法律规范中一直占有主体地位，最初的法律规范可以被称为"人"法。法虽然关注的是行为，但其只是通过规范人的行为方式来处理人与人之间的关系。即使在现代社会，公共机构、法人成为了法律主体，他们的称呼也是"拟制人"。与现代法律只是以行为能力、权利能力来界分人的类型不同，在历史发展的特定时期，某些类别的人在法律上是不被承认为人的。自然意义上的人与法律意义上享有权利义务的人在法律上并不是一个概念。对于法律主体的规范是一个逐渐扩展的过程，即法对人的管辖是逐渐变得普遍起来的。自然人被排除在法律之外，要么是战败者、敌对者，要么就是没有资格、没有能力成为法律上的人。在古希腊，虽然法律主体内部分化为贵族和平民，并享有不同的法律地位，但奴隶、妇女、儿童连法律上的主体地位都没有，通常被作为会说话的"物"，或者被作为男性、家长的附属品。到了古罗马时期，虽然奴隶依然不是法律上的人，但却在法律上获得了更多的规定性，奴隶可以通过解放、赎买等方式成为自由人，自由人也可能因为人格减等而成为奴隶。奴隶一旦获得自由人身份就获得了法律上相应的权利义务。女性和家子（畸形的婴儿）的法律地位依然较低，市民和外邦人的法律地位也不对等。中世纪时期是梅因所称的身份时代，人被分为了国王－贵族－自由农民－农奴这样一种按身份排列的社会等级，这种社会等级可以同质性转化为法律上的权利义务关系。3R 运动之后，自然权利被设定为人的本质属性，自然人成为了完整人格者，充分享有了民事上的权利。与此同时，政治性的公民法律权利义务也逐渐完备起来，但其平等性却并不如民事领域那样深入，女性的政治权利直到 20 世纪 20 年代才取得重大进展。

（2）法人（拟制人）成为法律主体的新形式。"群"是人的社会属性，也是社会的组织形式。自然人在行为能力等方面存在天然的局限性，为此，中世纪商人等运用自由结社的权利组织了各种类型的互助社会组织。对于这种实存的社会组织，法运用技术性方式赋予了其"人"的法律地位。法人组织的身份最初是赋予公司、行会、公会等营利或者非营利组织的，但随着政府及其他国家权力机关在宪制架构下日益法制化，其设立、变更及权力、职责设定均由宪法、行政法等公法设定，也被赋予了特别法人的地位。除了法人地位，法律对于组织体还以非法人组织的形式进行规范。用法人或者类法人的法律主体资格，法实现了对于自然人以外以组织形式进行活动的"拟制人"的全面规范。

在这里，还有一个法律史和政治史的核心问题，就是创法者是否受到法律的限制以及受到怎样限制的问题。笔者在前面已经提到，古希腊时期，"立法集会受法律约束"。古罗马的共和国时期，执政官、公民大会和元老院相互制衡，其创法受到法律、社会的整体限制。进入帝制之后，随着罗马的扩张，古希腊和古罗马前期的权力平衡被打破，皇帝由于外患内乱逐渐掌握了帝国的绝对权力。皇帝或者创法者"不受法律约束"[①]，使法的一般性被撕破了一道口子，[②] 并在西方法律制度史与思想史之间开启了"主权者"与法的关系的持续讨论，开创了与自然法学完全不同的现实主义法学的通路，工具主义法学、（政治）批判法学与规范分析法学皆可在此找到自己的一点源头活水。与此同时，"皇帝自称受法律的约束，这句话配得上统治者的尊严。"[③] 到了中世纪，王权世俗世界在政治、经济等方面受到贵族和领主的限制，在传统方面受到日耳曼习惯法[④] 的制约；在精神世界受到教权的压制。只是在欧洲大陆和英伦起主要作用的因素各不相同，在世俗贵族、领主对王权构成现实制约这一大体相同的政治社会背景下，在精神方面，欧陆主要是在基督教的统驭下，并且从精神领域外溢到了社会政治领域；而英伦通过国教自主，主要是受日耳曼习惯法的影响。阿奎那声称，虽然主权者免受法律的强制力，但依上帝的判断，他受法律的限制，受神法和自然法约束，他们的制裁由上帝施予。[⑤] 从 1073 年教皇格列高利七世发布《教皇敕令》开始，教权逐渐压倒了王权。之后，历代国王不得不宣称服从教皇的权威，遵守从永恒法、自然法、神法到人法[⑥] 的一整套法律体系。例如，丕平认为："因为我们将为每个人遵守法律，所以我们希望每个人为我们遵守法律"；查理宣称："我将遵守法律，谨守正义"；路易声称："我将遵守我们民族的习惯和法律。"[⑦] 甚至连坚持绝对君主制的路易十四

[①]　Digest1.4.1 and Digest 1.3.1, cited in Stein, Roman Law in European History, p.59; Tierney, "Origins of the Modern State."

[②]　虽然有学者认为这一转变对于法的一般性是一个巨大的消解，但笔者认为，这是人类的政治体制和法律体系脱离对于自然图腾和自然神的外在寄托，开始关注自身社会和群体生活的肇始。古希腊与古罗马的法的一般性是一种原始的一般性，其一般性的表述与实质内容完全脱节，是家与氏族组织的简单扩大。如男与女的区分，贵族、平民与奴隶的划分，外邦人与本国人的差异，诸如此类不一而足。资产阶级革命时期的法学家为了给资产阶级革命提供道义基础，为资产阶级政权的建立寻求制度根基，才祖述古希腊，宪章古罗马，为柏拉图、苏格拉底、亚里士多德和西塞罗等涂上了浓烈的现代色彩。包括罗马法复兴在内的 3R 运动不过是资产阶级革命的理论先声，与康梁托孔革新异曲同工。

[③]　Digest1.4.1 and Digest 1.3.1, reprinted in Tierney, "Origins of the Modern State." p.386.

[④]　"君主处于法律之下"是日耳曼习惯法一直坚持的戒喻，"抵抗权"是日耳曼习惯法高于君主这一命题的典型标识："君主和他的人民都负有共同义务保护法律不受侵犯或不致败坏，在某些情形下，当君主明显没有履行其职责时，我们发现他的臣民自行其是，废黜他。"参见 Morrall.Political Thought in Medieval Times, p.16; Kern, Kingship and Law in the Middle Ages, p.85–97.

[⑤]　Thomas Aquinas.Treatise on Law, 96 Art 5, p.100.

[⑥]　这是托马斯·阿奎那对于法的分类，奥古斯丁将法分为永恒法、自然法和人法。

[⑦]　Andre Tunc.The Royal Will and the Rule of Law.in Government Under Law, p.404.

也发布法令："一定不要说主权者不受他的国法约束；与之相反的命题是自然法的真理……给王国带来完美幸福的是以下事实：国王得到臣民的服从，他自己服从法律。"[①] 在英国，国王一直受到贵族的有力制约，使得国王在位的多数时间都能够遵循习惯法，习惯法对于王定法和国王的命令构成限制，其典型的表现就是《大宪章》的签署和不断确认。《大宪章》的每一次强化都是对于王权的进一步驯化和限缩，所以英国不像欧陆国家，绝对君主制在 17 世纪一度盛行于欧洲的主要国家[②]。13 世纪中期，英国大法官布雷克顿有句名言，"国王在万人之上，但却在上帝和法律之下。"17 世纪，大法官柯克提出，"法官曾经宣誓依据法律和英格兰的习惯伸张正义……国王不能从他的法院拿走任何诉讼案件，并自己做出决定。"[③] 国家主权理论和国家理由说为王权反对教权提供了理论武器和知识框架，除了马基雅维利之外，还有一个社会契约的前提假设。社会契约对于社会起源以及政治组织的假设与国家主权、君权神授并存于一个理论体系，其紧张关系的缓和必然是相互妥协[④]，要么是相互压服[⑤]。之后，民主制取得了胜利，绝对君主制在世界范围内归于濒危。民主制的胜利在一定程度上缓和甚至消解了主权者或者创法者与法律的紧张关系，但极端民主制与原始民主制和法律的冲突并没有消除[⑥]。其后，创法者代表的多数创制的法律对于少数人权利的侵犯问题也被提出来加以讨论，创法者的创法权也被法律特别是宪法中的权利条款所限制。

　　在法的一般性对于人的效力这部分，上面所说的都是法意图对其适用范围内的"主体"（人）发生效力，从其作用的"主体"（人）的角度出发还有一个"主体"（人）对于法的普遍服从的问题。对此，亚里士多德就提出："我

　　① Andre Tunc.The Royal Will and the Rule of Law.in Government Under Law，p.408.

　　② 欧洲的绝对君主制是欧洲民族国家建立和巩固过程中，为了有力反制教权而呈现的一种"战时"体制，在民族国家建立后持续了一段时间，直到与资产阶级的矛盾激化，两者从同盟走向对立为止。其后的资产阶级革命就是对于欧洲反天主教革命（或者叫宗教改革）时期所确立的绝对君主制的一次再革命。从法律思想理论中，绝对君主制既违反日耳曼习惯法，也是违反改造的新教伦理的，更与资产阶级自由主义思想难以共处。

　　③ 12 Coke's Reports 63［1607］，quoted in John Ferejohn and Pasquale Pasquino，"Rule of Democracy and Rule of Law"，in Jose Maria Maravall and Adam Preworski，eds. *Democracy and the Rule of Law.* Cambridge：Cambridge University Press，2003.p.244.

　　④ 英美法系国家大体走的是这条道路。

　　⑤ 大陆法系国家选的是这一路径，只是在内部，以法国为代表的一些国家走的是激烈革命，社会契约与民权最终取得胜利；而以德国为代表的中欧国家则在相当长的时间内保持了相对强势的君主专制传统，其余表现为相对强势的职权主义。

　　⑥ 迈克尔·曼在《民主的阴暗面》（中央编译出版社，2015 年版）中详述了众多所谓的现代民主国家在"民主"的名义下所做的殖民、纳粹、政治斗争中进行的民族清洗等大规模侵犯法律的核心价值的事情。

们应该注意到邦国虽有良法，要是人民不能全部遵循，仍然不能实现法治。法治应该包含两重含义：已成立的法律获得普遍的服从，而大家所服从的法律又应该是本身制定得良好的法律。"①凯尔森对法的效力和法的实效两个概念的区分，自由法学主张的"活法"，实在法学对于"法律规范"和"法律事实"确定性的质疑等，无不说明法得到普遍遵行才能实现法对于普遍法律主体行为的规范，反之，法作为行为规范的正当性和实在性都会遭到质疑。张居正曾道："天下之事不难于立法，而难于法之必行"。只有法得到实际实施，才能够实现立法的目的，法也才能够从文本上的法变成现实中运行的法。法的遵守，狭义上一般理解为全民守法。这里的全民守法主要是从法的受体来理解法的遵守的，笔者认为，法的实施全过程都存在一个法的遵守问题，司法机关的公正司法和执法机关的严格执法也是法的遵守的一个方面。"法之不行，自上犯之。"从这个意义上讲，公正司法和严格司法对于法的遵守更具有指标意义。

四、法的行为一般性

外在行为是法律规范的直接目标，但不是任何行为都能成为法律规范的对象。行为要成为法律规范的对象，要看该行为所涉及的利益是否重要到需要用法律加以规范的程度。行为对于社会的重要程度是一个价值衡量问题，在不同的社会、不同的时代，会有不同的评价结果，这是一个实质价值评价问题。从形式上看，纳入法律评价范围的行为却有一些共同的特征，就是法律行为必须是社会中普遍存在的行为，这些行为会重复发生。"法律的对象永远是普遍性的……法律只考虑臣民的共同体以及抽象的行为，而绝不考虑个别的人以及个别的行为……一切有关个别对象的职能都丝毫不属于立法权力"。② "立法者并不关注那些只发生过一两次的情形。"③ 个别性或者偶然性行为不属于立法考量的范围，没有进入立法程序的资格，这些行为与立法这种一般性的行为调整方式并不契合。立法绝不考虑个别的行为，其规制的行为永远是普遍的，法律只考虑其调整范围内所有人、组织的普遍和重复性行为。亚里士多德认为，某一法律规则会规范多种具体行为，二者是一对多的关系，每一条法律规定对于个别行为来说都是普遍的。④ 亚里士多德这里所说的"个别行为"是指社会中

① ［古希腊］亚里士多德.政治学.吴寿彭译.商务印书馆，1965：199.
② ［法］卢梭.社会契约论.何兆武译.商务印书馆，2005：46-47.
③ ［古罗马］保罗.学说汇纂.转引自 E.博登海默.法理学：法律哲学与法律方法.邓正来译.中国政法大学出版社，2004：248.
④ ［古希腊］亚里士多德.尼各马可伦理学.廖申白译注.商务印书馆，2003：164.

发生的具体行为。行为的普遍存在或者反复发生，可以看作社会行为重要性的一个形式指标，从数量角度证成了行为对于社会的意义。从另一个方面看，这样的行为属性与法的一般性相契合，更适合采用法的形式来处理。法的运行机制就是按照预先设定的标准处理同类事项，其对于待处理事项、规范标准的设置都是相对固定的。因而，法在对规范对象进行选择时，本能地倾向于将社会中普遍存在、反复发生的行为进行一般化处理，形成"理想类型"。重复性机制的实际生命力取决于其对于重复性行为的抓取能力，适用率低足以在事实上结束重复性机制。

法的调整机制是一种类的调整机制，通过行为模式将行为中的特定要素提炼出来，形成一种行为模型。这种行为模型一旦被提炼出来并在立法上加以固定表述，其将只能对行为的特定类别发生作用。为了达到规范目的，一般性的法律会使用具有普遍性的概念或者术语，分门别类地对行为进行规整。一般性的法律颁布之后，司法者、执法者和守法者就需要将需要放到法律处理机制中处置的行为进行行为模式的要素比对，根据比对结果确定对法律行为的态度。

对于行为而言，法对其的一般化或者模式化体现为四种态度，建构了四种行为模式。所谓行为模式，就是从大量实际行为中概括出来的，经过理论抽象形成的行为框架或标准。按照通说，行为模式可以分为授权性规范、义务性规范和禁止性规范，笔者补充了一种倡导性规范[①]。法律规则的行为模式是一种行为的类型化规定性，一旦获得规定就被固化下来。因而，法律规范对于行为模式的规定相对于丰富的案件事实比较被动，处于一种等待装填的状态。行为模式表述效果取决于其对于行为核心要素的抓取成功与否。如刑事上对于"诈骗"和"盗窃"两种行为的类型化，因为在二者的边缘地带存在行为模式重合的情形，两者区别的关键在意识方面，这就给司法实践造成了一定的困扰。另外，为了弥补行为模式对于行为类型涵盖要素不够全面的问题，在一些法律规则中还会配置条件假设。条件假设不是所有法律规则都有的标准配置，条件假设是行为模式的外围设置。在这些外围条件对于行为模式认定足够重要的情况下，条件假设就会作为行为模式的"说明条款"予以规定，条件假设是行为模式宏观化、一般化之后的一种具体化机制。

---

① 对于倡导性规范是不是一种法律规范，争议很大。如认为倡导性规范一般不设置后果配置，完全可以道德范畴来规定。但倡导性规范在一些法秩序中确实实际存在，而且为了克服其无后果性，也配置了一些激励性后果。

　　一般化是一种应对复杂世界多样性的选择方法。法的行为一般性是一种包含指示一般性的描述，正如上面对于行为模式的描述，其描述了一种行为类型并配置了一种指示性态度。法的行为一般化是对实际法律行为形态的一种抑制性，法律行为一般化抓住了行为对于法律有意义的主要要素，同时也将一些要素排除出去。而要素的排除，也就意味着一些非典型行为不会被赋予法律行为的地位。一般化是与偶然性相对的概念。在法律行为领域，与偶然性相对的就是经常性和重复性。经常性和重复性具有很多的共性，反复性可以用来说明经常性，但经常性不只有重复性一个面向。重复性是指一个现象多次出现，其多次性被限定在同一对象上，是一种类型的历时性形态；经常性除了可以在重复性维度上解释外，还可以指在共时性上多个同一现象类型同时存在。

　　1. 大量出现的法律行为的一般化。对于某一事物意义的判断，有定量分析和定性分析两条路径。数量是事物的重要属性之一。一个社会行为是否会被纳入法律的视野、被行为模式化，决定性的因素是这一社会行为是否足够重要，重要到立法者认为对这一行为的法律规范事关法秩序的维持。社会行为对于法秩序重要性的验证指标，一个是对于法秩序核心法益的重要程度，如危害国家安全等犯罪虽然发生量少，但依然被规定在刑法分则的第一部分；另一个就是行为在社会上发生数量多，如民法对于交易行为的规范。（1）数量是对于质量的一种说明，数量不能够充分地说明质量，但数量在多数情况下与质量具有一致性，数量的变化最终会引起质量的变化。而且，行为对于法秩序重要性的判断在社会领域很大程度上是一个感受性指标，数量引起的出场率提升会对立法者的法益重要性判断产生强化作用。（2）法律机制本身就是一种用简约处理复杂的利益机制，用一种规范处理尽可能多的社会行为也是法律机制的一个原初设计理念。例如，在我国，男性强奸男性、女性强奸男性一直被排除在强奸罪的行为类型范畴之外。从侵害的法益看，性权利在我国一直被视为人的一种主要权利，保护性权利一直是我国传统法与现代法的基本做法，甚至通奸罪作为一种"合奸"在中华人民共和国之前的法秩序中都会受到规范。一个排除的理由就是，男性强奸男性、女性强奸男性作为一种行为模式不具有普遍性，因而不具有规范的价值。因为法的一般性是一种简约性机制，所以其在实现规范行为最大化的同时，也必然会导致行为归类的不精致乃至不准确，这是法的一般性的一种不得已的负面副产品。一般性的法使用了一般性的表达方式，但其意欲规范的行为本身却不是能够靠一般性陈述就能概括的。在需要用一般性的表述但又不能实现表述目的的地方，法只能考虑一般的行为类型，尽管法律规范的制作者已经意识到了这可能导致错误。①

　　2. 重复出现的法律行为的一般化。法具有面向未来的特性，是对今后一个时间段内将要出现的法律行为的规范。即使某一法律行为被法律行为模式化，多是因为在现实中该行为已经具备了规范的必要性，但法本质是作为一种未来机制来设计的，对于过往的事实，法律并不关心。一种行为大量出现过或者正在出现，在未来却已经不具备发生的可能，那么这种行为也没有被行为模式化的必要。法的一般性是描述性和指示性合一的一般性，描述性的一般性是为指示性的一般性服务的，而法律的指示性、引导性以未来行为的出现可能性为基础。重复出现充实着数量性，是数量性的一个增长面，但数量性又不包含重复性内涵的未来性。重复性是数量性和未来性的综合。法的一般性面临的规则包含不足或者包含过度的问题，固然有语言学的因素、逻辑学的因素，但未来行为的不确定对于一般性预测的干扰也不容忽视。因而，法律规则行为模式建构对于行为属性的选择只能来源于未来可能重复出现的行为。

　　哈耶克提出，具有一般性、抽象性的理想形态的法律，是一种指向不确定的法律主体、法律行为具有持续性的社会规范，一般性的法指涉的情况可能发生在法律规范的任何空间及任何时间。②哈耶克的这一表述无疑是对于法的一般性的具体内容的经典概括。进一步讲，哈耶克将一般性与抽象性同时提出，认为一般性的法是对法律规范语境下所有时空下的特定境况的抽象和概括。这实际也就提出了法的一般性的方法论问题，即法的一般性的实现需要借助具有抽象属性的机制和方法。

---

① ［古希腊］亚里士多德. 尼各马可伦理学. 廖申白译注. 商务印书馆，2003：175.
② ［英］弗里德里希·冯·哈耶克. 自由秩序原理. 邓正来译. 生活·读书·新知三联书店，1997：185.

第五章

法的一般性的技术机制

　　通常，人们会对于法律产生距离感、生疏感乃至违和感，其中一个原因就是法律是一个高度技术化的产物，是一个精英建构和操作的事物。法律是纯正的技术派，"法袍贵族"就是一个很形象的比喻。但这并不妨碍法律技术在法律体系中的地位，规范实证法学特别是法律规范分析范式在法学领域的兴起，有力地促进了法学作为一个独立学科的地位奠定，也比较纯粹地将法这种社会现象作为研究对象设定为法学的专门研究对象。可以说，规范实证法学利用法律技术使法学从哲学、伦理学的笼罩之中挣脱出来，形式主义、技术主义在法律发展中的作用以及在当前社会的地位日盛就是有力的佐证。知识的普及已经大大拉近了民主与法律技术的距离，人们对于法律技术的认同和肯认是与日俱增的。

　　法的一般性只是一种理论可能性，正如前面对于法的一般性的正当性分析那样，人们只是在不同的立场上找到了一个说服自己的理由，从而在表现上得到一个人们都认同法的一般性具有正当性的表象结论，但各自支持法的一般性的实质理由却并不相同。因而，法的一般性的实现并不是天然的，要将法律的一般性转换为法律实际还需要一定的技术保障，从而使之成为一种社会现实。即使是在民主的语境下，法律技术和法律意志已经实现了合流，法律一般性的技术机制作为法律意志一般性的实现机制，也要遵守一定的法律技术范式，法律一般性的技术才能尽可能地实现法律意志的一般性的可操作性和可检视性。对于法的一般性的技术机制，笔者认为大体可以分为法的一般性制作机制和法的一般性实施机制，下面将从这两个方面分别展开论述。

第一节 法的一般性的制作机制

法的一般性的技术面向，就规范本身而言，首先关注的是法律语言的范式性。法律是语言的法律，语言是法律的呈现形式，或者说语言是法律的一种生命形式。存在的法律规范的生命历程包括成立和实现两大部分，也就是立法和法律实施。立法的主体是法定的立法机构，法律实施涉及的主体相对比较复杂，包括司法者、执法者和守法者。法律规范作为一个意义的统一体，应该在其生命历程中保持统一性。法律规范的生命链条长，而其生命历程的参与者众多，实施的场景性会侵蚀法律规范意义的统一性。因而，法律语言应该在其整个生命历程中采用意义明确、具有社会共识意义的语言，合逻辑地进行规范表述。孟德斯鸠指出，"法律用语……对每一个人要唤起同样的观念。"① 法律语言的准确性是法律的生命精髓。面对法律环境的复杂性、语言的多义性和模糊性，要在法律规范的表达中将法的一般性属性贯彻下去，法律语言的范式至少要包括两个要素：一是法律语言表述的明确性，法律规范的语义是清晰的、明白的，不能含糊其词；二是法律语言的法律确定性，即法律总是或者大多数时候能够为法律需求者提供一个确定的答案②。

一、法律规则逻辑结构的设置

对于法律规范的要素，有概念、法律原则和法律规则说，有政策、法律原则、法律规则说（以德沃金为代表的），有律令、技术和理想模式说，有法律原则和法律规则说，还有单纯的法律规则说（以哈特为代表的规范实证法学多持此说）。不论对于法律规范要素的认识有何种差异，各学说都认可法律规则作为法律规范的主要要素的地位。与法律概念、政策、法律原则相比，直接对于社会行为进行明确指引的就是法律规则，其他要素如果被认定为法律规范的要素，要么是起辅助说明性的，要么是在整体方面对于法律规则的理解和适用起宏观指引和漏洞补充作用的。因而，法律规则要对纷繁复杂的社会行为进行规范和引导，需要建立一个一般性的逻辑结构。确立起这个一般性的逻辑结构之后，只需要结合规范的社会行为的种类填充具体的内容即可。如果能够

---

① ［法］孟德斯鸠.论法的精神（下册）.张雁深译.商务印书馆，1982：296.
② ［美］布莱恩·比克斯.法律、语言与法律的确定性.邱昭继译.法律出版社，2007：1.

建立这样一种逻辑结构，不论是对立法还是法律实施而言，都将变得简单而又百无一漏。对此，先后有多种法律规则的逻辑结构被提出，如假设、处理和后果说，前提和后果说，假定、处理和制裁说，行为模式和法律后果说，现在比较得到认可的是假定条件、行为模式和法律后果说。这种逻辑结构一般表述为"如果进行（从事）……那么……"这种表述。在此三要素中，行为模式和法律后果具有鲜明的一般性特征。具体来说，所谓行为模式就是对行为要素进行提炼之后，对社会行为进行的定型规定，具有范式特征，是对于社会行为类的规定性。行为模式从行为规范角度看，包括可选择行为、倡导性行为、必行性行为和禁止性行为。秉持法律规范人的外部行为的定位，行为模式只关注行为的规范定性问题。行为的规范定性问题又直接牵引出法律后果，法律后果表明法律对于人们行为模式的肯定或者否定态度。可见，法律规则的逻辑结构问题不但涉及组成部分或要素问题，还关涉各组成部分或要素的逻辑关系问题。两要素说认为假定条件实无必要，大量法律规则中也确实只包含了行为模式和法律后果两部分内容，但行为是社会中的行为，会有一些时空限制条件，如果附着在一般行为模式上某些时空条件对于行为的规范定性具有重要乃至决定性的作用，条件假定就具有了超越一般性模式的地位。可以争论的是，行为模式是否可以作扩大性理解以包含条件假定呢？这是一个认识问题，原则上是可以的，但带来的问题：一是将行为模式复杂化，在理解行为模式时需要做必要的思维转换；二是对于需要设定条件场合的条件假定做了降格处置，与设定条件假定的初始意图违和。法律规则逻辑结构的设置本身也是法律一般性的一个表现，一个逻辑结构一般性的表现。法律规则的逻辑结构有利于法律规则形成一般性的程式，这个法律规则的逻辑结构程式在给立法、法律实施以及法学研究带来便利的同时，也具有对于法的一般性进行框定的效果。

二、抽象思维工具的使用：概念和类型

法的发展在很大程度上是一个人的认识发展的反映，与人的价值判断和目的追求紧密相关。法的一般性也是一个对于人的建构理性或者设计理性信心爆棚的产物，其意图借助于科学和理性，通过对于世界和人本身本质规律性的把握设计出一套适用于社会全体的行为规范。法的一般性要求法律要以抽象的术语来颁布。哈耶克认为，立法与司法之间的分权实质上是由普遍性这一属

性派生的，因为只有这样，法律才能在适用于任何特殊的个人之前以抽象的术语规定下来。[①] 为此，法的一般性的实现启用了两大抽象思维工具：概念和类型。

所谓概念，就是借助于人的概括能力与观念有关的标签含义达成共识而得到的结果。人的概括和提炼能力是有层次的，所以概念也是有层次的，概念内部也包含不同的归纳层次。就概念内部的层次看，一是维度，即概念的具体方面或层面，也就是观察的角度；二是指标，即一个概念或者变量含义的一组可观察到的事物。就概念的层次而言，概念虽然都是一种"元叙事"，但各种概念抽象化的程度还是有差异的，对于"整体性意义"的概括程度越高，其空洞化、抽象化程度也越高，从而对于事物和低级概念的涵摄力也越大。就对世界和人的认识而言，它们都被抽象化为一个个概括能力不同的概念体系，这个概念体系的连接纽带就是相互的涵括。借助于概念，法的一般化实现了对象的一般化和叙事的一般化。概念是法的一般化的认识和表达工具，为法的一般化提供了可能。但是，概念在层次上是偏宏观抽象的，虽然在具体应用中概念内部又有层次性、等级性，但就"概念"一词的核心意涵来说，本能地要求对其界定对象的最核心部分进行提炼和表达。最核心部分用一个最接近的名词来解释，就是"本质"。因而，概念一词可以尽可能地接近事物的具体形象，但其专属性的领域还是在于对大类事物的本质表达。

类型是选取事物的一个或者多个有限数目的特征而形成的特征集合，选取的特征数目越多，类型的集中度和紧密度越高。类型是一个概念与具体事物（人、行为）的中间存在，是抽象化的具体化，是具体化的抽象化，有明显的双向性：向上可以提升为概念，向下可以对应具体。类型与概念存在诸多差异，[②] 类型是一个偏实践的思维工具，如果说概念思维创造和实现了法的一般性，那么类型则保证和稳定了法的一般性。概念和概念体系无所不包的所谓圆满性使用一种事物特征相同性的思维，是理念性的，实际无法囊括事物丰富的特征多样性，概念的封闭是一种硬性稳定；而类型思维是一种中心明确、外延

---

① ［美］布雷恩·Z.塔玛纳哈.论法治——历史、政治和理论.李桂林译.武汉大学出版社，2010：85.

② 吴从周.论法学上之"类型"思维.法理学论丛——纪念杨日然教授学术论文集，月旦出版社，1997：306.

开放的相对包容性思维，比较适用于在社会发展中吸收不断变化的各种新情况、新要素，[①]是一种动态稳定。

对于法律概念和法律类型的理解，可以借用一下韦伯的"理想类型"概念。韦伯对于理想类型的限定和界定具有鲜明的社会性行为主义立场，这一立场非常接近法律的立场。韦伯的理想类型就是结合行为者的主观意义，对行为者的典型情况下的典型行为进行综合抽象，形成的一般类型。概念和类型就是对于法律行为及其构成要素进行抽象的两种工具和形式，所形成的一般类型就是概念和类型处理之后得到的结果。概念和类型是法律一般性的两种生成机制。

概念和类型是法的一般性的知识性基础，大体可以实现法的一般性的稳定而不僵化。但概念和类型毕竟属于人的智能形式，而人的思维、理性的有限性已经得到确认，狂妄的人类自大在历史上碰得头破血流的例子已经使人变得谦虚。况且法的一般性自己也承认，法律规范的行为模式只是对一般人的众多典型行为的概括，因此会忽略各种小概率行为。[②]"法律从来不能签署一条对所有人有约束力的命令，这条命令能使每个人处于最佳状态，也不能精确地规定社会每一个成员在任何时刻都知道什么是最好的，怎样做是正确的。人与人之间有差异，人的行为有差异，人的经历各不相同，由此造成的不稳定使得无论何种技艺，何种统治，想要在所有时候良好地处理所有问题都是不可能的。"[③]为此，法学理论和法律规范也对法的一般性作了一定程度的反思与矫正，[④]除了概念和规则，原则、政策、习惯、公序良俗、公认的学说和传统都在一定限度内被引进到法律规范的范畴内，规则内容的可选择成分增加以及自由裁量权更是对于法的一般性可能衍生的僵化的积极反动。这里还需要强调的是，正如单纯地追求实质正义最终将走向专制一样，单纯地追求形式正义，片面维护法的一般性也将导致暴政。形式是能够容纳各种实质内容的，形式正义并不与实质正义更加亲近，拉德布鲁赫公式的提出就是意图调节法的一般性、安定性与道德性等实质内容的关系。

---

① 刘士国.类型化与民法解释.法学研究，2006（6）：19.
② 郭忠.法律规范特征的两面性——从法律目的实现的角度分析.浙江社会科学，2012（6）：53.
③ ［古希腊］柏拉图.柏拉图全集（第三卷）.王晓朝译.人民出版社，2003：145.
④ 朱寅昊.法律个别化的成因及其实践.政治与法律，2013（12）：95–104.

三、法律制定的程序制式

接着谈一下具体的法律制定技术的一般性问题。法律成形于制定，法律制定是法律从思想到制度、器物、仪式，从思想中的法到规范中的法的过程。前面讲到的法律规范的范式、法律规则的逻辑结构、概念和类型的应用等实际上主要是就立法而言的，它们在立法中的应用是法律制定技术一般性的主要内容，主要是方法和性质。除此之外，法律制定程序也是法律制定技术一般性的体现。"一个人，不论他是谁，擅自发号施令就绝不能成为法律；即使是主权者对于某个个别对象所发出的号令，也绝不能成为一条法律，而只能是一道命令；那不是主权的行为，而只是行政的行为"。①那么"擅自"的对立物是什么？笔者认为，首先是法律制定的程序。法律制定程序的一般性原则要求法律的立改废必须是法定的国家立法机关根据限定的权力配置依照严格的法定程序来进行。这样的权力配置与步骤、方式都是先定的，并且是根据法律的类型属性来设计并普遍适用的。面临的质疑是，法律程序或者制定技术的一般性并不能保证法律内容的一般性。确实如此，但从体系论的角度看，离开了体系谈论任何事物都是没有意义的，只能说，法的制定技术的一般性是实现法的一般性的必要条件，而不是充分条件。按照法定程序制定出来的法，其形态和性质不决定于程序，其达到的效果是按照某一特定程序制定出来的法会具有一种连续的稳定性，可以提升整个法律体系的品质统一性。法律制定程序设定了法律制定的制定者、参与者及其价值理念、行为模式，然后用这种限定后的前后一贯的法律程序来处理不同的法律事项，就像一个工业化流程，其所产出的法律规范虽然名称各异、规范领域各不相同，但使用的却是同一套模具，不同法律规范也必然会因之而带有共同的生命基因。一部法律规范内部的一致性、部门法内部各规范的一致性和整个法律体系的一致性依仗法律制定程序的规整都会体现出来，因为被预先限定住了。

第二节　法的一般性的实施机制

对于法的形式属性或者内在道德的提出和讨论，并没有统一的说法，如

① ［法］卢梭.社会契约论.何兆武译.商务印书馆，2003：47-48.

哈耶克认为"法律必须是普遍的、平等的和确定的"①三属性说，拉兹也提出了八条法治的原则②，菲尼斯也提出了八条规则③，国内学者夏勇提出了十大规训，④比较著名的提法当属富勒的八属性说⑤。对于法的形式属性，这些论述有不少重合的地方，但对于这些属性之间的关系，特别是法的一般性与其他属性的关系以及法的一般性在这些属性中的地位论述不多。但富勒和夏勇都认同，法的一般性主要是说要有法律规范存在，有法律规范就必然有法的一般性。⑥法的一般性提出了法律规范的出场问题，其他规范都是围绕这个"种"而进行修饰描述的"属差"。通过前面几章对于法的一般性的阐述，也可以看出，法的稳定性、体系性（不矛盾性）、标准性（不能强人所难）都在法的一般性的涵摄范围之内，都在一定方面诠释、展现和支撑着法的一般性。通过前面的论述，笔者也基本将法的一般性在法的属性中的基础性地位展现了出来。也正是因为法的一般性的基础性地位，决定了法的一般性的抽象性。抽象性事物的实现就需要借助一些次级法律属性和具体的实施机制，拉兹和菲尼斯列举的法的属性或者规则中大量实施性规则的存在在一定意义上也说明了实施机制对于法的重要意义。

法的一般性作为法的基本属性，体现在法的方方面面。这些体现既是法的一般性在法的具体领域的体现，也是法的一般性为了在法秩序中得以具体落实而具体设计的落实机制。法的一般性与其实施机制已经融洽地结合为一个整体，这也是融贯的法律体系应有的内部结构安排。法的一般性既是一个原则，也是一个体系。借助这些机制，法的一般性得以在整个法的体系得到充分的贯

---

① F.A.Hayek.*The Political Idea of the Rule of Law*，Cairo：National Bank of Egypt，p.34.

② 拉兹论述的法治的八条原则，其中前三条类似于法（作为规范，或者从立法角度而言）的形式属性，而后五条则主要是探讨法的实施的准则。拉兹的八条原则是：（1）法律必须是可预期的、公开的和明确的。（2）法律必须是相对稳定的。（3）必须在公开、稳定、明确而又一般的规则的指导下制定特定的法律命令或行政命令。（4）必须保障司法独立。（5）必须遵守像公平审判、不偏不倚那样的自然正义原则。（6）法院必须有权审查政府其他部门的行为以判定其是否合乎法律。（7）到法院打官司应该是容易的。（8）不容许执法机构的自由裁量权歪曲法律。参见 Joseph Raz：The Authority of Law：Essays on Law and Morality，Clarendon Press，1979，p.214-218.

③ 菲尼斯认为，法：（1）是可预期的、不溯及既往的；（2）无论如何也不是不能够被遵循的；（3）是公布的；（4）是清楚的；（5）是相互协调的；（6）足够稳定以允许人们依靠他们关于规则内容的知识而受规则的引导；（7）适用于相对有限情形的法令和命令的制定，受公布的、清楚的、稳定的和较为一般性的规则的引导；（8）根据官方资格有权制定、执行和适用规则的人，一要对遵循适用于其操作的规则是负责的、可靠的；二要对法律的实际执行做到连贯一致并且与法律的要旨相符合。John Finnis：Natural Law and Natural Rights，Clarendon Press，1980，p.270.

④ 夏勇.法治是什么——渊源、规训与价值.中国社会科学，1999（4）：127-134.

⑤ ［美］富勒.法律的道德性.郑戈译.商务印书馆，2014：55-107.

⑥ ［美］富勒.法律的道德性.郑戈译.商务印书馆，2014：55，57，59.

彻。法的一般性作为一种抽象的机制实现得淋漓尽致,作为其优势的对立面的特性也会更加成为其优势发挥的障碍。法的一般性在力图实现对于法的全域的掌控的同时,其宏观性、一般性导致的具体性、明确性等相对不足的问题也呈现了出来,造成了法在实施中的确定性难题。这种确定性难题不是法的一般性自身可以克服的,需要设置专门的应对机制来加以处理。

法律的适用技术的一般化,即一般所言的法律方法①的一般化。法律制定出来之后,如何与具体案件实现对接,将具体案件归摄于法律规范,或者用法律规范涵摄具体案件事实,关系着法律从文本中的法变为行动中的法,是一种微观的法的实现方法。应该说,只有实现从文本中的法变为行动中的法,法律规范才具有了法律实效,才能得到真正的实现,法律意志才落到实处,法律所内涵的民意、公意、规律、智识才有意义。需要重点指出的是,由于受到语言学的影响,整个法律技术也实现了语言学的转向,以哈特为代表的语义分析法学、佩雷尔曼的新修辞学法学、哈贝马斯的商谈理论等大大丰富了法律适用技术。排除纯粹后现代主义的解构效果或者极端化,事实上这些技术经过理论阐释与竞争,大大丰富了传统的以三段论为主的法律推理适用技术。法律解释、法律推理、法律论证已经构成现代法律适用的三驾马车。这些技术的成熟以及技术之间日益明确的协同关系正在将法律适用变成一个一般性而非法官个体的个性法律认知和适用活动。这几类法律适用方法主要还是认识论方面的,主要作用是指导具体的法律实施者如何运用语言的、逻辑的经验知识来解决法律实施中的理解法律、选择法律、确定法律问题,即使在法律共同体的认知限定下,具有了相当的一般性,但同案不同判的现象一直不绝如缕。

程序合理性与实体合理性也具有多种结合形式,按照韦伯的理论,包括程序合理 – 实体合理、程序合理 – 实体不合理、程序不合理 – 实体合理和程序不合理 – 实体不合理。四种类型只是程序与实体结合的可能形式,在现实中,程序合理 – 实体合理、程序不合理 – 实体不合理良好总结和形态出现的概率更高一些,程序合理 – 实体不合理、程序不合理 – 实体合理的结合难度降低了其实现的现实性。因而,特定程序和特定实体具有更近的亲缘性,但没有必然性,对于程序的考察标准主要是有效性标准。就法的一般性而言,法律程序除了对于法律的制定有限定作用外,对法律的实施也有作茧自缚的限定效应。基于权力制衡原理,公共权力进行了类型划分并被分别赋予了不同的

---

① 法律方法按字义来讲应该包括与法律有关的所有方法,实际多指法律的适用方法,法律解释方法又是法律的主要适用方法。

机关。对于国家权力划分的形式，不同理论家有不同的划分学说，如洛克将国家权力划分为立法权、执行权和对外权三部分，孟德斯鸠则将政府权力划分为立法、行政和司法三部分，不同的国家有不同的实践模式，如英国的议会至上模式、法国的双领导制、美国的总统制、德国的总理制等。不论是何种三权分立，都是形式，其实质都是为实现权力的制衡，但却造成了法律制定和法律实施的分立。如何理解保障法在法律制定者和法律实施者之间的一致性？实体法律的实现关键在于落实机制，这个落实机制就是法律实施的程序。法律实施的程序作为实体法的一种实现方法，一方面取决于方法的自身有效性，另一方面取决于其可实现性，尤其是抗干扰能力和保真性。就法律实施而言，法律程序对于法的一般性的保持，成文法国家的法律实施程序相对比较刚性，孟德斯鸠的"自动售货机"比喻最具说服力：孟德斯鸠将审判设想为一种理想型的三段论推理模式，依据一般性的法律规范（大前提），填充进案件事实（小前提）的物料，法律判决（结论）就会从"自动售货机"中自动滚出。虽然"自动售货机"理论过于理想化，但程序对于结果的塑造作用得到了淋漓尽致的反映。这个比喻在理论上是没有问题的，符合三段论的逻辑结构，质疑者的质疑对象是这一流程的外部因素、法律事实的确定对于该推理判断的影响，是实证角度的质疑。

一、法的传达机制：公布制度

法律的公布制度是指有权机关在法律制定出来之后按照法律规定的程序和方式将法律文本或者法律规范的其他形式公之于众的制度。法律的公布制度包含两个意思，一是法律经国家元首签署，正式获得完整的法律效力；二是将确定的法律规范文本公之于众，并散布于社会。法律文本被公布之后，在立法上，法律文本的确定规范意义就被固定住了，在效力上就具有了一般性的规范力，司法机关、执法机关以及公民都应认识法律规范并以之规范行为。在法律实施层面，法律规范将被作为实存的行为规范依据，来评价法律行为。法律一旦公布，皆视法的内容为社会所周知，不知法或者对法的误解都不被作为免除或降低法律责任的理由。①

1. 法的公布使规范的内容通达到其所规范的对象。法的一般性在规范对象方面是指其对于其管辖范围内的对象具有普遍规范力，规范对象众多并不具

---

① ［奥］汉斯·凯尔森.法与国家的一般理论.沈宗灵译.商务印书馆，2013：125；［日］穗积陈重.法律进化论.黄遵三，萨孟武，等译.中国政法大学出版社，2003：135.

有特定性。法律规范制定出来之后，要对其规范对象产生规范力的前提就是规范对象知晓该规范的内容，并按照该规范的指示进行法律行为。但法律规范对象的不特定性使法的规范内容传达无法确保全面、精确，而且对于如此广泛的规范对象进行逐一、精确也不具有现实可行性。采用社会性公布的方法，既考虑到了法律规范传达的广泛性，也兼顾了法律规范传达的经济性。以前存在的呼唱、朗读①等公布方式由于传达精度和时效性差，已经不再作为正式的法律公布方式。现在主流的法律公布方式，是以文字方式刊载于一定媒介上，保证了传达的准确性、时间留存性和可查询性，现代科技特别是网络通信技术进一步提升了该方式的传播效能。这种法律公布方式也给法律规范对象附加了主动获知法律规范的义务，法律规范的对象需要花费一定的成本了解法律的内容。公布与知道法律规范这两个方向的协同在一定程度上保证了法律公布的效果。

2. 法的公布在一定程度上卸除立法者对于法律规范的解释责任，提升了司法的勾连功能。法的一般性在立法上是通过使用概念、类型等高度抽象而又富有歧义的语言写就的，逻辑推理的方法、理想构型的方法都是具有相当技术性的操作。这种立法和司法方法是法为了实现一般性所不得已而采用的一种方法，在实现了法的一般性的同时，也带来了规范对象对于法的理解上的疑惑。不同的规范对象在不同的案件环境中才真切地与法律相遇，才会产生对于法律的理解。这些关于法律的理解如此不同，不同立场的法律适用者都会或多或少地找到有利于自己的法律解释。而法律的一般性公布，使立法者不需担负对于法律含义的准确解释义务，这在一定程度上证成了司法者、执法者的法律理解正当性。司法者、执法者获得了对于法律规范理解和解释的权力，这不得不说是法律一般性公布意外造成的一个后果。而将法律规范的解释权赋予司法者、执法者，也在一定程度上消解了一般性的法与现实世界的距离感，通过法律实施，生活经验、逻辑推理乃至于风土人情都得以进入了法的空间。法律实施是连接一般性的法律规范与具体鲜活的日常生活世界的纽带，前提是法律实施要被赋权，从而能够承担起这一功能。

3. 法的公布是法的形式德行的一个要求。法律规范制作的目的是用其规范社会生活，让受其规范的对象按照法律规范所要求的方式行为。如果希望规范对象按照自己的意志对于其行为负责，就要实现告知他们需要遵守的法律的规范要求。其在理解法律规范内容的情况下，基于自我意志做出行为选择后，

---

① ［日］穗积陈重.法律进化论.黄遵三，萨孟武，等译.中国政法大学出版社，2003：178-244.

才能对自己的行为在道德上负责。不论法律规范的内容如何，事先公布法律规范是一个法律的形式德行。不教而诛是为虐，法的公布不一定实现法律规范的准确传达，所传达的也不一定是良善或者得到规范对象认同的法，但事先公布却是为法律评价的做出准备了一个评价依据。法的公布所提供的这个共同的一般性的评价依据至少解决规范的有无问题，这就在形式上保证了评价的完整封闭性。

法律规范被制定出来就是为了让其所规范的对象遵守的，哪怕规范对象对于法的遵守不是基于其对于法律规范的理解，而是出于纯粹的本能或者道德感，知道法律规范的内容也只会让其守法行为更为合乎标准。任何一个有意愿了解法的意义的公民都是推动法律公布的理由，法的公布为公民无差别了解法律提供了现实可能，也免去了精准识别有意愿了解法律的公民并个别传递法律规范的麻烦。

二、法的实践展示机制：法律实施的示范性

法的一般性使受法律规范的对象有义务了解法律规范的意义，并按照法律规范的指示实施行为。为此，立法文本确定以后，有权机关也有义务将法律文本公之于众。法的公布制度只是在形式上完成了法的告知责任，但法律规范的数量增衍殖繁，现在已经浩如烟海；法律表达的抽象与专业趋势随着规范分析法学的发展、立法技术的精致，已经成为一种专业精英半垄断的"志业"，法的公布制度对于法在受众中的传播和理解的意义已经大幅降低。民众对于法律的去生活化越感不安，为此，法律的民主化作为一种硬性要求被强行植入法律的立法和实施环节，立法的公众参与以及司法的陪审制（或参审制）作为民众参与法律制定与实施的形式已经成为现代法治的标准配置。这些都是为了拉近法的一般性导致的宏观性、抽象性、去生活化与现实世界、民众日常生活的距离而设置的具体制度，通过对于法的参与，受众对于法的理解更加直观，法的一般性在实现的过程中也会受到法的生活性的牵制。如对于近几年刑法以修正案的形式连续针对社会中民众反映强烈的现象进行了入罪处理，这说明民众的意见对于立法的影响日益深入，但"情绪性立法"的特点也使法的体系性、逻辑性、融贯性受到了一定侵害。这也说明法的一般性与法的具体实现之间具有一种天然的阻隔性，这两种属性都是法所需要的，但法的一般性作为法整体组织架构的起点，对于法具有整体性意义，只是在具体的法的场域，其他对于法的需求会对法的一般性产生压抑。法的制定与实施的民众参与是增加法的民

主性、场景性的有益尝试，法的公布制度也只是在形式上完成了民众对于法的意义的一般性获取，但对于法要在现实中真正实现对于受众意识的通达，还需要在法的实施过程中通过法的示范性将一般性的法转化成法的具体意义。

法的职业共同体是经过法律学术专业训练，经过法的实践熏陶，逐渐形成的对于法具有共同认识的法律职业群体，包括法官、检察官、律师、行政执法者、法学者乃至具有法学系统知识的人。这部分人是以法为"志业""职业"的人，虽然法的内部分化日益加大，但作为一个法律职业共同体，他们志向于增进法对于社会生活的参与和规范，也在法的事业发展中贡献着自己的智识。法律职业共同体所具有的深厚专业知识、所掌握的娴熟专业技能，都使法律职业共同体的法律实践成为受众理解法律、认识法律的一个权威来源。法的一般性导致的法的玄秘性，增加了法的受众对于法的理解难度，法律职业共同体的实践节省了法的受众对于法的获取成本，降低了对于法的获取难度。正如法的颁布制度通过对于部分法的受众意义传导影响其周围受众的义理，法的实施示范是法的意义传导的深入机制。

（一）法律实施权威

在一个法律得到良好实施的社会，法律规范的受众对于法律权威的信赖，直接转化为了对于法律实施系统的权威信赖；在一个立法权威衰微的社会，法律实施权威也会排除掉立法权威成为单一的法律权威。在立法权威与法律实施权威的地位争夺中，法律实施权威具有优势地位。因而，大多数社会形态在法律实施环节，司法者、执法者等法律共同体成员实际取代了法律文本，成为了实践中的法律权威，法律规范的受众不再直接诉诸于法律文本本身来探求法律规范的意义。法律实施权威与立法权威的一个最大不同是，法律实施权威更加远离行动理由，更加不依赖于实质意义上的理由。法律实施权威的理由追寻第一步要上推到立法对于法律实施权力的分配，在追寻立法对于这种法律实施权力分配的实质理由。立法作为一种存在对于法律实施权力的分配，更像是一个社会事实。存在即合理，法律实施的结果被保留下来进一步强化了这种事实权威。

而法律共同体成员在这个实践权威体中依据其对于法律文本解读与理解的分量和确认程度，又被划分为了一个呈梯级分布的结构体。理论上，这个梯度结构越扁平，表明这个结构体的权威性愈加均衡，也说明这个法律职业共同体对于法律知识的共享越充分。在实践中，法秩序对于法律职业共同体的法律文本解释和确认权力的分配却是不同的，司法者一般具有高于执法者、律师等群体的法律权威性权利。在法律实施活动中，法律规范在受众形式上更加关注司法者的权威行为。

　　而法律现实主义对于法律确定性的怀疑，确实展现了法律规范文本与法律实施现实之间的差异，并认为法律文本的意义与法律实施中的法律意义并不相同。法院实际上做了什么是人们在认识法的过程中持续关注的指标，"法院将做什么的普遍预测"才是实践中真实起作用的法。法律现实主义怀疑法律规范或者法律事实确定性，并将法律规范或者法律事实的确定权委诸于司法者。法律现实主义观察到了立法规范与司法判决之间的不一致性，但夸大了这种不一致性。法律的生命既在于逻辑，也在于经验。司法判决的得出，是法律规范加法律事实的综合产物，法律规范要在具体法律案件的具体案情中展现规范意义，而对于法律事实的认识，乃至于法律规范在具体案件中的意义，这样的认识与确定权力本就是立法与司法分权的先定原则。立法与司法的分权，一般理解是为了进行权力制衡，防止权力对于权利的侵害。但法律制度设计还有来自社会的"现实目的"，这个目的直指人类利益需求，法律实施与立法共享对于法律意义的确定权，最根本的原因还是，法律实施是法律规范与法律事实连接的通道。法律规范的制定是将法律事实中的指标性要素进行选择、设定和规定，将无限的法律事件要素化，借以涵射法律事实，是立法的一般化；而法律事实则需要将指标化后的法律规范重新具体化为法律事实，将具体的法律事实归摄到某法律规范之下，是法律实施的一般化。这是一个相反相成的整体性过程，完满状态时是一个等量循环，归纳和演绎都是法的一般性的真值实现方法。因而，法律实施对于法律事实和法律规范的体悟与理解，本就是法律设计的本意。问题的关键是，正如立法可能产生恣意一样，法律实施也可能产生恣意，恣意的法律实施可能会扭曲立法与法律实施之间的正常关联，将两个一般性对立起来。

（二）法律实施权威的法律展示活动

　　法律实施特别是官方行动与公布的规则之间的一致性是规范的一般性在实践一致性上的延伸。这就是法的制定与法的实施的联动问题，或者是"行动中的法"与"本本上的法"的一致性问题。这种一致性从法的运作流程角度讲，就是法在实施体系中的一般性问题。官方行为与宣布规则的一致性既是规范与实践的统一性、一般性的体现，也是普及法的一般性的最佳方式。

　　一般法的受众对于法的意义的理解是原子论的思维，对于法的一般性的概念、类型的"族"的概念没有理解，思维的直接指向对象是独特的事实场景。如对于"不得醉酒在公共道路驾车行驶"的规定，一般法律受众对于"公共道路"在理解上，除了明确被定义为"公共道路"的、符合"公共道路"含义核心部分的道路类型有明确的认识外，对于"小区道路""不具有主干道性质的乡间道路"是否属于该规定的"公共道路"的范围并没有一个确切、肯定的认识。法的普通受众对于这类外围含义、边缘情形的认识最可能的一个路径是，恰巧身边发生了一个这样的案例，该案的处理超出了一般法的受众对于法的理解深度和广度的传统范畴。每一具体的法律实践都是对于法律直接涉及者、相关受众的一次法律意义传达活动。而那些具有全国性意义的案例，如许霆案、天津老太气枪案、掏鸟窝获刑案，虽然富有争议，但都是对法的受众最直接的法律规范意义传播实践。实际上，由于社会生活的复杂性，以及学科专业的日益分化和精细，人们对于社会规则和知识的学习大多来自观察和模仿，特别是对于"官方"这类在法律领域取得"权威"地位的人和机构而言，他们的言行代表着法的运行状态和真实状况，是"活"的法。

1. 普法作为一种法律规范意义诠释的实践活动，在我国已经行之有年，也取得了很好的效果。普法活动也改变了传统的以发放法律规范原本为主要形式的局面，采用现实案例普法已经成为了一种主要的普法形式。以案说法形式的普法电视栏目，如中央电视台的《今日说法》获得很大的成功，收视率与普法效果两方面都取得了预期效果。这类节目对于法律普及案例选择除考虑具有普遍的社会意义之外，又用复杂多变的丰富案情对于法律规范的意义进行了细节性、典型性阐释，配合专家的解说，法的一般性规范在法律实践中的真实意义得到了鲜活的展示。这些案例代表了法律实施领域的司法者、执法者对于法律规范的权威理解，是司法者、执法者法律规范一般意义的具体化，对于法律规范受众的意义远远超过一般性规范文本。法律规范的受众对于法律规范的一般性意义能够理解，但在一定程度上法律规范的受众更关心法律实施环节司法者、执法者对于具体法律行为的态度。实际对法律规范受众现实生活、实际利益产生影响的不是法律规范文本规定了什么，而是司法者、执法者在法律实施中会怎样理解法律文本，根据法律文本会如何行动。司法者、执法者等法律共同体成员对于法律规范文本的理解、解释和实践是法律实践领域最权威的解释，司法者、执法者等法律共同体成员的法律实践活动在整个社会中具有示范意义。如在普法中利用典型案例做司法实践宣传，不仅从社会意义上肯定了这类示范的典型意义和正当性，而且给法律实施权威附加了社会权威性。立法的权威性或者一般法律规范的正当性在很大程度上来源于社会授权，法律实施是规范分析法学的核心领域，也是法的专业性体现得最充分的领域，案例普法是法律实践权威和社会认知权威的双重形式。法的这种实践展示机制明确了法律规范文本在实践领域的确定意义。

2. 法律实施公开在现代法秩序中已经成为一种普遍性现象，除法律规定的特定情形外，法律的实施过程、结果都应公开。法律实施公开具有多重价值，一是加强对于法律实施的公众监督，防止法律实施权力的恣意，如贝卡利亚就提出，审判和犯罪证据应当公开，以便使社会舆论能够监督和制约强力和欲望。[①]二是保障当事人及社会公众的知情权、监督权。三是有利于加强社会法治教育，实现法的一般预防功能。

就法律实施的示范性而言，法律实施过程本身的示范性是强于普法过程中通过选取典型案例形式对于法律实施过程中具体内容的公开，法律实施过程和结果的公开是一种全流程、全要素、全实景的公开，涉及法律实施的方方面面。这样一种法律实施的公开形式将在法律实施过程中通过执法者、司法者对于法律规范的理解、对于案件事实的认定过程纤毫毕现地展示出来。特别是在审判公开中，在公开的法律文书中，法官应当将裁判理由、裁判依据和裁判结果的形成过程用文字的方式完整地呈现出来，如裁判技术、推理过程、法律依据选择等法律实施的活的过程都被囊括在内。通过对法律实施过程的公开，法律规范的受众实体性感受到了法律职业共同体等法律权威对于法律规范的现实理解，了解到了在现实社会中得到实实在在执行的法的真实意涵。法律实施者对于法的理解是和法律规范的受众的现实世界相勾连的，法律规范的多义性、歧义性已经得到了很大程度的削减，是一个相对意义和指示明确的法体系，所获得的法律规范界定也是一个具有实在权威的界定。法律规范的受众并不关心一般性的法律是什么，他们关心的是加诸其身的具体法律指令是什么，关心具体法律指令是如何形成的。一般性的规范和依据法律规范做出的具体法律指令之间一直横亘着一条阻隔沟通的沟壑，法律实施展示的就是两者之间沟通的过程。法律实施过程的展示与观摩使法律规范的受众有可能从现实的角度思考自身的法律处境，因而对法律实施的关注具有更加现实的推动力和可能性。

三、法的安定机制：法律解释

法律的明晰性问题的提出，主要是由于在一个大型的社会结构中，必然

---

① ［意］切萨雷·贝卡利亚. 论犯罪与刑罚. 黄风译. 北京大学出版社，2011：34-35.

运用一般性规范来表达一个涵盖范围尽量广泛的意义。这些一般性规范使用抽象性的语言，而抽象性语言的使用在实现法律尽可能对社会事物囊括的同时，难免形成了一个语言的"开放性结构"①，造成法的意义的模糊、不明确。"正如亚里士多德很早之前就已经指出的那样，我们所能达到的清晰程度不可能超过我们处理问题所容许的程度。"②法的一般性实现的程度，是与法律规范表达的明晰、具体程度成反比关系的。

按照三段论的推理结构，一般性的法律适用于具体的法律案件，实际是一个法律规范和法律事实相互接近，最终通过法律规范对于法律事实的涵摄，法律事实归摄于法律规范而实现的二者的匹配。三段论展现的是一种逻辑推理过程，但法律规范的理解、法律事实的确定却不是一个简单的形式推理过程，在法律实施过程中面临诸多难题。

1. 一般性的法律规范偏好于使用抽象性语言，抽象性语言对于社会现实的具体存在关照不足。法律事实和法律规范的性质是反向的、不对称的，一个具体，一个抽象，实现二者的匹配并不是简单地对接关系，对于法律事实和法律规范都需要进行一个对接性的意义诠释，以实现二者的耦合。也就是说，法律事实与法律规范的不同性质决定了法律规范的具体使用离不开法律解释。亚里士多德就指出，"法律规定的只是案件的一般性的情形，不能对特别情形一一规定，法律只考虑社会上的一般情形而不考虑特殊情形；当特殊情形出现时法官可以背离法律的字面含义，考虑立法者可能对该案做出的处理来审判该案。"③法谚所说的"法无解释，不得适用"就是这个意思。

2. 语言是一种表达的艺术，而不只是一种表达的技术。单个词语的含义，词语与词语的搭配并不具有单一的含义，语言运用是一种搭配、组合的活动。语言的多义性、歧义性导致在语言主体变换、语言环境转换等情景下，语言意义的确定出现困难。而法律规范使用的语言恰好面临着用一个词语、语句来面对无限多样、丰富繁杂的法律事实的局面，法律语言语义的多义性、歧义性是一种应对复杂语言环境的必然结果。这就为法律适用带来了一个附加任务，确定据其法律案件中的适用法律规范的明确含义，对法律事实进行规范性识别。

3. 有限的人类理性使人类在立法或者确立法律规则时，是围绕想要规范的核心性事项进行构建的，对外延性事项关注度不够，或者外延性事项根本没有

① ［英］哈特.法律的概念.许家馨，李冠宜译.法律出版社，2011.
② ［美］富勒.法律的道德性.郑戈译.商务印书馆，2014：76.
③ ［美］E.博登海默.法理学——法哲学及其方法.邓正来，等译.华夏出版社，1987：197.

进入规范的事项类型范围之内。这就导致了法律规范对于规范事项的规定没有预见到待调整的社会关系的丰富多样性，或者没有预见到社会关系发展变化带来的规范事项的增值。这就产生了法律漏洞，即法律规范与法律事实之间的罅隙。不论是按照不得拒绝裁判原则，还是为了稳定规范，进行缝隙填补，赋予有权者通过法律解释扩张规范意义的权力是一个最佳的方案。

法律解释作为一个解决上述难题的法律方法，其最初的功能被限定在明晰语义的范围内，也就是文义解释的范围内。这种解释方法最大限度地尊重了立法文本，将法律解释理解为一种纯粹的文义明晰技术规范。但这种对于法律解释的理解很快就被证明并不适合于完成法律解释被赋予的任务，法律解释对于词义的释明也不是简单的对于法律不规范意义的呈现方法。凡解释处，皆有新意。法律解释为了寻求更贴适的法律解释效果，积极采纳限缩解释、扩张解释、目的解释、法律原意解释、体系性解释等超越文义解释的主动性法律解释方法，并在法律解释的实践中越来越占据主体地位。文义解释这种被动性较强大的法律解释性方法至少在表面上维持了探究立法表述文义、限定立法中心的解释立场，主动性解释方法即使一再宣称还是基于立法的法律解释，但其半立法或者补充立法的性质越发鲜明。对于法律解释到底是纯粹的对于法律文本的原样解释，还是一种新的法律续造活动，这并不是问题的核心，关键是法律解释有权主体的活动是否在整个法律体系对于有权解释主体赋权的范围之内，并且法律解释的定位、定性也有助于整体法律制度设计对于其功能的实现。

在一般性的法律体系中，法律解释的主要功能是什么？

第一，法律解释是对法的一般性规定的细化。法作为一种一般性的规定，只在"类"的层面对法律关系作出规定。虽然根据法的层次性，层次越高的法其一般性越明显，随着法的层级降低，法的一般性更加贴近于社会的具体，形成了一个大致从宪法－基本法律－一般法律－实施条例的一般性梯度。但无论一般性程度如何降低，一般性规范的抽象性在具体案件中依然会遇到衔接性难题。这种衔接性难题可能是涵盖过度，也可能是涵盖不足，造成了规范性大前提或者事实性小前提的确定性困难。这种法律罅隙的填补要求法律规范进一步细化，将法律规范的连接性缺陷通过规范的进一步细化加以弥补。法律解释最直接的作用就是进一步将法律规范的意义明确化、细致化，不论是立法解释、司法解释还是行政解释，都没有另起炉灶，都是在现有规范的基础上查漏补缺，明确指示，即使进行新的规范续造也受到原有规范在续造对象、规范目的、规范手段等已有的法律体系的限制，特别是直接相关规范群的限定。尤其是司法解释和行政解释，会顾忌到分权制衡的制度安排，将自身的法律解释活动定义为或者限定在法律的进一步细化活动范畴内。

第二，法律解释有利于保障法的整体一般性。法的整体一般性要求，对于法的理解和运用必须形成一个融贯性的、前后一致的标准，这个标准在整体上对于法律条文的理解具有整体性的意义归拢作用。法律规范对于在法律上具有类的一致性的行为，应该做出前后一致的法律评价。实际上，在对社会关系或者社会事务做法律上的类的划分的时候，法律关注的是某一个特定要素或者某几个特定要素。因而，法律上对于社会关系或社会事务的法律分类并不具有绝对性意义，正如社会学对于人在社会网格关系中对于人的社会地位，在不同的社会经纬线上会对人做出不同的社会定位。如同一个人，按知识、财富、权力等不同标准评价，其社会地位会存在天壤之别。法律规范在做条文设计的时候，对于社会关系、社会事物的分类在选定了特定要素或者指标后，就在法律上被固定为特定类型了。这是提炼法的一般性的标准操作，但这样做的一个很大问题是，社会关系或社会事务的构成要素是多样性的，法在做一般性提取时所选定的标准在具体的案件情境中可能并不具有一般性的"类"的区别功能。两类事物明明在诸多要素上具有共同性，仅仅因为法律将其不同的、在关系认定上不具决定性的指标上的微小差别而被适用不同的法律规范，这不符合常理，也不符合法的同类案件同样对待、不同案件不同对待的一般性要求。这也是"疑难案件"或者规范适用明显有悖社会常理的内在原因。在这种情况下，法律解释的出场有利于克服法律规范的刚性，克服法律机械适用带来的法律不适感，保障法律受众对于法的合理预期，有助于实现法的安定性。①

在法律实施的过程中无时无刻不伴随着法律解释工作，法律共同体以及一般的法律受众都在自己的立场上和场景中对法律做着理解。这些理解与法律规范在很多场合下是如此融洽，以至于人们并没有感觉到法律解释工作的存在。这种解释，笔者认为可以称之为纯正的法律内解释。纯正的法律内解释需要添加的仅仅是逻辑规则、经验常识，法律规则和法律事实就会相互匹配并产生一个具有相当共识性的具体法律判决。一般所说的法律解释的出场，通常表现为规则包含不足或者包含过度在法律规范选择上面临两难境地，或者表现在法律实施结果有悖社会常理的场合。但是，有必要将规则包含不足或者包含过度导致的规则适用性难题与因规则适用过度导致结果荒谬两种情形区别开

① 王利明.论法律解释之必要性.中国法律评论，2014（2）：90-91.

来。① 对于后者，按照德沃金的想法，道德的、政治的、伦理的诸多观念会进入法律的领域，对法律规则进行再造。但这些因素进入法律规则的具体程序问题却是一个衍生的难题，法律实施者具有这类因素的引入权力吗？法律实施过程中的论证是一种广场式论证还是剧场式论证？这些因素是以法律原则、法律价值等形式已经存在于法的体系之中的法的内要素，还是超越了现行法体系，进行了更大范围的引入？笔者认为，法律解释既包括法律内解释那样是对法律规范实指意涵的简单释明，只需要运用逻辑学、语言学知识就能完成，也包括在法的秩序之后总需求对于法律规范在具体案件中具体适用得更加妥适的解决方案。后者的难度更大，实现的方法也更加复杂。但需要说明的是，法律解释是为了解决因法的一般性问题而采用的一种方法，法律解释相对于法的一般性是从属性的，任何法律解释方法的采纳都不能反过来侵害规则的一般性。这是规则一般性的抵抗力问题。

法律解释是对于法的一般性的补强，对于法的安定性的助力，在法律实施过程中，在明确法内运行原则的基础上，有必要建立一套正式的运行规则，以保证法律解释对于法的一般性规则的适当尊重。

（1）法律解释的主体。在宽泛的意义上，任何法律规范的受众都是法律解释的主体，并且其对于法律的解释也会通过某种形式对法律解释的结果产生或多或少的影响。其中，法律明确授予法律解释权限的主体进行的解释对法律解释结果的影响更加直接，也更具有法律效力。将法定的法律解释权限赋予特定的主体也是古今中外一种具有历史延续性的做法。② 立法解释、司法解释和行政解释的权力一般依据法律文件分别由立法机关、司法机关和行政机关行使。这一方面是为了集中法律解释的权威，防止多头解释产生解释冲突；另一方面，被赋予法律解释权限的机关在各自拥有解释权的领域具有权威性，由其行使法律解释权更加有利于一般性法律规范与该领域的社会关系、社会事务有效对接，更具针对性。这些机关本身也是法律职业共同体的成员，由他们进行解释也能更好地维护法的规范品性，不至于在具体化过程中突破法的一般性要求。

（2）法律解释的适用场合。法律解释在法律实施中具有优先于其所解释的一般规范的适用效力，法律解释也存在着与一般性规范背离的现实风险。除

① ［美］弗雷德里克·肖尔.以规则游戏——对法律与生活中规则裁判的哲学考察.黄伟文译.中国政法大学出版社，2015：246.

② 张志铭.法律解释原理（上）.国家检察官学院学报，2007（6）：57.

了作为一种思维方法使用的法律解释外，法律解释具有明确规范、改造规范乃至创造规范的效果。法律解释的出场必须满足一定的条件，明确法律解释适用的具体情形，如规范意义的模糊、规范指示性不明、规范包含过度或者包含不足以及规范后果与规范目的明显相悖等。

（3）法律解释的具体程序。法律解释是法律实施过程中法律适用的规范程序，拥有法律解释权的机关进行法律解释应当按照一定的步骤和方法进行。虽然法律解释有自由解释与严格解释之分，但不论何种解释，只要是法律实施过程中的法律解释，法律解释的形成就应当遵循法律解释形成的有效性要求和规范性要求。有效性要求，是指为形成一个有效的法律解释应当采取有利于法律解释的步骤、方法，这些步骤和方法是形成一个有效的法律解释的最优或者次优路径。规范性要求，是指法律解释的形成需要满足规定规范形成的规范对于法律解释形成需遵守的规范上的强行性要求或者形式性要求。法律解释的具体程序设置在不同的法律解释场域会有不同的表现形式和具体的程序步骤，需要符合立法、司法、执法等不同解释类型的适用要求。

法律解释是法的一般性现诸法律实施这一具体实在的一种机制，其对于一般与具体的黏合不只限于直接的拉近，对法律规范和法律事实的裁剪、添加材料之后的缝隙填补都是法律解释可能采用的方法。法律解释通过这些方式拓展了一般性规范的现实适应性，实现了一般性规范的不变动改善，稳定了法律秩序。

四、法的缝隙填补机制：自由裁量制度

法律对于自由裁量有两种理解。一种理解将自由裁量等同于法律解释，认为法律规范对于待解决的法律事项没有确定的规范力时，或者说规则体系中存在"裂缝"时，司法者或者执法者要承担起补充漏洞的立法责任。德沃金认为，"如果某法律不能正确处理案件，不存在看来合适的处理规则，或者处理此案的规则模糊，则不能靠法律的规则来解决该案件，必须由法官行使自由裁量权。"[①] 另一种对于自由裁量的定义则将自由裁量理解为，在权威性规范的授权下，司法者或者执法者可以运用自身的法律专业知识、社会经验和职业素养等对某些法律待决事项作出法律决定。德沃金所说的，"其认为某个人在通常情况下根据特定权威设定标准而做出的决定就是自由裁量"，就是这个意义上

---

① ［美］罗纳德·德沃金.认真对待权利.信春鹰，吴玉章译.中国大百科全书出版社，1998：157.

的自由裁量。那么，这两种自由裁量的根本区别何在？第一，在自由裁量适用的场景上，第一种自由裁量将场景设置为"规范穷尽"或者存在"规范漏洞"，而第二种自由裁量则将场景设定为权威授权和规范预留空间。第二，在自由裁量后果的类型上，第一种自由裁量的后果一般意味着一类规范的出现，这类规范即使不同于立法规范，也在一定范围内成为特定法律群体在裁判类似案件时需要考虑的标准；第二种自由裁量则是具体个案中的司法者、执法者在法律授予的自由权限内，就法律的个别性要素在具体案件中的分量所做的认定和处分。笔者认为，将自由裁量限定在第二种意义上，有利于将自由裁量与法律解释区别开来，自由裁量与法律解释的区别又是根本性的，将二者放在一个大的概念类型之下既不符合概念项下"族""类"的共同性归纳，也不利于对两者进行进一步的内涵挖掘。

自由裁量也是一种法的一般性的缝隙填补机制，但与法律解释主要填补的规范缝隙不同，自由裁量填补的是法律规范与法律事实的缝隙、客观与意识的缝隙。（1）规范缝隙是一种由于语言的开放结构或者人的设计理念的局限性导致的一种客观存在，但无法预料的规范缝隙，是规范表达和规范设计的不周全的产物。规范缝隙昭示的是一种无法克服的语言或者理性缺陷，但法律规范的设计者一直力图消减这种缺陷，并一直希望将这种缺陷的修补权留在有权主体的权限范围内，以递补规范的形式将规范拼图补全。自由裁量处理的缝隙是提前已经预见到的，法律规范与法律事实、客观与意识之间客观上无法无缝对接，也没有办法用一套标准的做法来处理的缝隙，自由裁量权本身就是专门用来处理这类缝隙的弥补问题的，并且规范层面已经放弃了对于这种修补权的把控，将之委诸法律实施主体。（2）对于法律解释的性质，法律解释是否具有溯及力等，理论界和实务界一直没有达成共识，虽然法律解释作为法秩序的一部分得到承认，但法律解释对象的无法把控性导致法对于法律解释的规定永远无法全面和精准到位。而自由裁量则是一个标准的法律规范设置，是一个法律实施领域的存在。法律解释试图解决的还是如何提升法的一般性的问题，其所提出来的解决方案还是将针对一起未被一般性规范的实践性法律事件，一般化处理这一（类）事件的多元化答案。自由裁量面对的则是虽然已经预见但依然无法进行一般化的法律事件答案给定问题，自由裁量的活动区域是一般化规范已经放弃的领域，这一区域在法的领域之内，却决然无法用一般化的方法来处理。

自由裁量是法律领域中的一个个性化问题，解决的是具体案件中的具体法律要素在法律结果形成中的具体裁量问题，其所依靠的又是司法者、执法者个人的法律素养、经验逻辑和职业道德。但身处整体性的法律空间，自由裁量并不自由，一般性规范将特定法律领域的处置权交付给司法者、执法者，是因为自由裁量处置事项需要进行个别裁量，但个别裁量的效果还需要接受一般性规范的检验和考核。法律规范在规定自由裁量时，是将自由裁量放置在一般性的法律环境中，要受到法的整体性氛围和具体法律规范的制约。（1）对自由裁量的过程，一般性的法律难以预先规定，这也是自由裁量制度弥补一般性法律僵化、刚性的价值所在。法律对于这类事项的放权，目的还是追求个案结果与一般法律评价的一致性，用形式的个别性追求结果的一致性。法的一般性无法预料具体案件的个别情况，但法对于案件结果的衡量还是存在一个预期的认识的。自由裁量的法律结果绝不是恣意，自由裁量结果如果不符合法秩序对于法律结果设定的衡量指标，就会遭到法秩序的机体排异，受到法律职业共同体的争议，由法律审查机制重新提起裁判。（2）法对于自由裁量的整体裁量过程是无法衡量和限定的，但法对于自由裁量可衡量的领域还是进行了规范，典型的就是对可量化内容的衡量范围的限定，如民法中经济数额、刑法中的量刑幅度等，设立各类法定裁量要素和酌定裁量要素，制定司法裁量基准和行政执法裁量基准。除了这些可见的标准外，司法者、执法者还需要在司法文书、行政执法文书中进行心证过程、思维逻辑过程、裁量过程等书面化的呈现，即法律文书的说理。司法结果、行政执法结果的不合理程度超过一定限度的，可以作为诉讼事由对法律结果进行抗辩。自由裁量被限定在法律的空间之内，自由裁量的场合、形式、类型、结果都受到法律规范的限制，并受到逻辑规律和客观生活经验的限制，自由裁量的"自由"是被压缩的、受多重因素限制的相对自由。

自由裁量的直接对象指向法律规范和案件事实、证据的法律定性和分量认定，即法律评价。司法者、执法者在具体案件场景中面对的法律文本和事实证据都是客观的，但对于这些客观存在的法律评价却是主观的。司法者、执法者的法律实施活动就是找寻、确定具体案件的适用法条、证据，经过其头脑加工，结合自我生活经验，运用逻辑规则形成对于案件的主观认识。适用的法律条文的选定，现有的证据是否能够组合成一个与法律条文中条件假定、行为模式相符合的案件事实、法律后果的确定等，都是一个主观"决断"问题。这一主观决断的得出，并不与案件要素有一个直接、明确的对应关系，而是一个综合判断的过程。这个综合的过程，是一个具体案件情景，其包含何种法律要素、法律要素的组合关系等都是多样的、不定的。对此类情景的法律评价，采取预先客观化、一般化的做法并不成功，历史上证据法定主义被自由心证主义所取代，主要原因就是法定证据主义将人类对于证据的一般性认识绝对化为绝对准则，剥夺了裁判者对于证据认定的自由裁量判断。法律实施中赋予司法者、执法者必要的自由裁量权，是法体系本身对于不同的法律职业共同体成员的不同身份属性、行为功能的一种体认，也是法体系本身对于自身组织体系内部分工的一种安排。法的一般性是有限度的，是对法秩序中共性要素的一种归纳反省，但不得不承认，法秩序中的个性要素，或者虽被纳入一般性却处于边缘地位的共性要素，并不像做一般性安排时所设想的那样无关紧要。自由裁量是这些个性要素或者共性要素在法秩序中取得其应有地位的制度设计，起着合法化的一般性功能。

第六章

法的一般性的价值

富勒认为，为了"使法律成为可能的道德"，需要满足八项条件，即通常所说的法的八项内在道德或者法治的程序原则，其中法的一般性位列其首。[①]其实，不只是富勒，在法治的背景下，法学的先贤大哲对于法的一般性多有着墨，并对于法的一般性推崇有加。这多半是由于法的一般性原则对于形成法的基本品格，对于维持法体系的统一与稳定，对于形成安全与秩序，对于促进人的完善都具有基础性的作用。可以说，法的一般性是整个法体系组织的基础和起点，也是法治的基石，是法治的阿基米德支点。[②]法的一般性在法治的语境具有了更多曝光率，法的一般性也更多的是在法治的论述中出场。那么作为一般意义上的法的一般性的意义基础何在？哪些理由是支持一般意义上的法的一般性的？某些意义到底是法的一般性意义还是法治意义的带入？对此需要进行厘清和分析。

第一节 法的一般性面临平等难题

一、正向的平等问题

在自然法发展的后期，法的一般性的内在根据包括法是建立在公意的基础上的，而公意的形成现代主要依靠"民主"。"民主"在现代已经成为了与"自由""平等"等量齐观的实体权利概念，虽然在最初的意义上"民主"只是形成公意的一种形式。在最直观的印象上，法的一般性首先是和形式意义上的"平等"以及民主紧密相关的。

也正是基于法的一般性对于形式平等的意义，在法治的语境中，诸多学

---

① ［美］富勒.法律的道德性.郑戈译.商务印书馆，2014：55-107.
② 刘风景.法治的阿基米德支点——以法的一般性为中心.法学论坛，2013（5）：30.

者直接将法的一般性与平等的价值实现挂钩，并进而将其与实质平等联系起来。但一般所论述的平等作为一种价值，指的主要是实质平等。在价值法学里，平等是正义的诸多面相中的一个核心，认为人类的整个革命史就是一部争取平等权的斗争史，从中国古代的"均贫富、等贵贱"到法国近代的"自由、平等、博爱"，无论古今中外，平等作为一个民众持续追求的观念绵延至今。作为普遍人权状况的评价标准，公民平等与法律面前人人平等这两大平等已经在现代社会诸多国家得到确立。其中，公民平等是实质平等，法律面前人人平等是形式平等。公民平等是政治斗争和较量的成果，法律面前人人平等是公民平等这一成果以立宪为统领落实到法律领域的一个结果或者形式，并成为公民平等的落实者与维护者。在法治的语境里，"公民"本身就是一个法律的概念，所以完全可以将公民平等理解为法律内容的平等，可以表述为"平等的法律之中人人平等"，其反对分配的不平等，或者说其坚持一次社会资源分配的平等。正如我们可以看到的，平等是一个自古希腊、古罗马关于法律的传统观念，但近代以前的法律中的特权和等级制一直不绝如缕。因而，必须将公民平等或者叫"平等法律中的平等"与法律面前人人平等结合起来理解法律与平等的关系，既指人们遵守同样的法律，[①] 也指人们所遵守的法律是平等对待人们的法律。

但是，在卢梭的理论中，公意不仅在起源上要具有普遍性，其在内容上也必须追求平等和一般性。卢梭在《社会契约论》中以各种方式来说明如何才算法律的内容具有一般性。"法律必须适用于所有人"，法律不应该追求"仅为个人的或者有限的目标"，"如果法律去评价特定的对象就等于改变了法律的性质"[②]。这和我们当下的法律常识是相通的，从某种意义上说，立法者的职责就是通过法律推进平等的对待。而只有当法律是一般性的规则，而非个别不可预测的规则时，其才能谈得上平等地对待所有人。

如果现代立法者严格按照卢梭的建议来贯彻法的一般性，"主权者只熟悉作为整体的国家，它并不在组成国家之间的个体之间做任何区别"。那么他就会遇到一些难以解决的棘手问题，并且很可能在立法工作中寸步难行。任何将法的一般性问题当作绝对性原则加以严格贯彻，或将法的一般性理解为良法善治的、明晰的简单化要求的话都是理论上极为浅薄的。因为，如果我们要在所有情况下对所有人运用相同的法律是不切实际的。我们不会认为油漆店和餐

---

① 王元亮.论形式平等与实质平等.科学社会主义，2013（2）：43.

② ［法］卢梭.社会契约论.何兆武译.商务印书馆，2005.

馆应该具有相同的卫生标准，或者救护车司机与普通人应该遵守一样的限速规定。这个世界上并非所有人都是同质的。有消费者与生产者之分，有士兵与平民之分，有官员与普通民众之分，有成年人与未成年人之分。他们的能力、责任、义务、处境都是极为不同的。如果法律武断得在所有情境下都对他们一视同仁，让他们承担相同的责任或履行相同的义务是让人无法理解的。

综上所述，法的一般性与平等具有亲和关系，法的一般性预设着平等，平等的实现过程就是法的一般性的实现过程。不论是形式平等还是实质平等在法律中直接对应的就是法律的一般性原则，平等和法律的一般性一直是暗通款曲、眉目传情，法律的一般性已经成为了平等尤其是法律平等的代言人。"法律法则在或多或少的程度上总是一般的，它对或大或小范围的人或者事总是一视同仁。虽然法律的专门化可能一如既往地深入发展，但在任何程度上，法律面前平等和法律规范的一般性都是法律的本质。"①

违反了法的一般性，一般会导致特权，平等就得不到保证。但法的一般性作为一种法的内在道德或者形式道德，是工具性的，可以服务于多种实质目的。正如实现一种目的可以采取多种手段或者方法，一种手段或者方法可以实现多种目的，只是一种手段或者目的与某一种目的或者手段具有更好的亲和性，或者在现实世界中具有更大的结合机会。这种手段与目的的亲和关系将特定的手段和目的连接在一起，以至于造成两者稳定关系变成绝对关系的假象。法的一般性与平等的关系类似于此。法的一般性是作为一个法的形式属性，是所有法都具有的属性，而只有现代意义上的法才被承认是具有平等性的法，从现实看，法的一般性并不必然导致平等，法的一般性所追求的只是类似案件类似规定、类似案件类似处理。所以类似案件类似规定、类似案件类似处理会导致平等吗？至少法治论者不会承认，罗尔斯就指出，公平、平等包括两层意思，一层是每个人都应有平等的权利去享有与人人享有的类似的自由体系相一致的最广泛的、平等的基本自由权利体系；另一层是社会和经济的不平等安排应能使它们符合地位最不利的人的最大利益，符合正义的储蓄原则，以及在机会均等的公平条件下与向所有人开放的官职和职务联系起来。②这两层意思是一个紧密联系的整体，任何一层意思的缺失不但不会达致平等，还可能走向反面。在追求实质平等的情况下，必要的特权或特殊待遇是对形式平等的矫正，但这种特权或特殊待遇必须以一般性为前提，必须得到一般性的许可。否则，

---

① ［德］拉德布鲁赫.法学导论.米健译.法律出版社，2012：8-9.
② ［美］约翰·罗尔斯.正义论.何怀宏，等译.中国社会科学出版社，2003：10-11.

即使是消极的特权也可能得到积极迫害的结果。

　　法的一般性是法的形式属性，是为了实现法对于法律关系、法律实施的批量处理服务的。法的一般性依据法律关系、法律实施的某一特征将本来不同的法律关系、法律事实归拢在一起，实际是将不同的法律关系、法律事实做了简单的类型化。类型化是对法律关系、法律事实依据某一特性所做的一种剪裁，实际上，关系与事实在社会中是以一种多属性存在，在不同的场域中法律关系、法律事实表现出来的或者占主要地位的特性并不具有一致性。法的一般性拒绝特殊化，其只是在一个角度上、在法所选择的标准上实现了类似案件类似对待。因而，法的一般性的类型化标准是一个选择性指标，在不同的社会形态下，以及不同的价值理念指导下，一般性的法所做的类型化或者对于法律关系、法律实施的归类标准并不相同，被归类到一个类型的人、行为、关系的差异性有可能大于相似性。法在实施过程中产生的实施效果与法的目的、社会关系属性的抵牾很大程度上可以溯源到归类标准选择不当、包含过度或者包含不足。

　　虽然对所有人都一视同仁是极为反常识的，但是我们依然能够发现法律系统内部处处存在着卢梭的观点，法律面前人人平等不是一个虚幻的理念，而是一个扎扎实实在法律中有所体现的原则——这似乎是一个悖论。一个可行的解决思路是在某些特殊的情况下基于某些特殊的理由，允许立法机关对不同的行为进行区别对待。也就是说所有人都应该受到法律的平等对待，但是如果有充分的理由存在，那么此时就可以以但书为准。法的一般性所考虑的是社会的一般情况，而多样性决定了一般性必然会对某些不为一般性所包括的情形加以排除和忽视。"一般规则由于忽略了个别具体情形，可能会给某一特殊群体带来伤害，从这个意义上来说，它们体现了偏见性……正是这种普遍性才导致了偏见。"① 个别主义在某种意义上说是一种精致主义的方法，关注个体差异，主张按照具体事物、具体关系的特殊属性或者全属性进行个别处理、分别对待。精致的法治主义在确立了法的一般性之后，也是在个别主义的路径上推进法治的。例如，在对自然人的一般性规定的基础上，越来越关注老弱妇幼等社会细分群体的法律规范制作。继类似案件类似处理之后，不同案件不同处理被提上法治日程。事物的发展进程是从粗糙走向精致，在法的领域，法的个别性必然

---

① ［美］凯斯·R.孙斯坦.法律推理和政治冲突.金朝武，胡爱平，等译.法律出版社，2004：159.

基于法的一般性。法的个别精致主义的高成本相对于法的一般性这种简省的粗陋处理机制而言，在社会层面铺开于成本而言不具有前置性可能，个别主义可以补充和完善法的一般性。这似乎进一步推进了我们对法律一般性命题的理解，并解决了上述悖论。但是这个解决方式也造成了极为严重的困境——这会使得法律的平等对待这一原则沦为一种空洞的形式，立法者可以以任何理由来进行任何区别对待，最终法的一般性原则将会崩溃。

进一步的解决方案基于这样的一个分析起点，绝大多数法律不会如此规定"没有人可以做 X""每个人都必须符合 Y 标准"。反而是大多数法律采取的是一种条件语句的模式，即"如果你想要从事 X 行为，你就必须满足 Y 标准"。如"如果你想经营一个机械零件制造厂，那么你就必须满足这些环保标准"，"如果你已经年满 6 周岁，那么你就必须接受义务教育"。即使如此，这些条件命题依然是一般性的，因为只要你年满 6 周岁或者只要你想经营一个工厂，那么无论你是谁，是什么种族身份，这些都不重要，不会成为你不遵守法律的原因，法律并未提及任何特定的人。当然这些法律也不是平等的适用于所有人。我们不会也不想因为对法的一般性原则的坚守而忽略了实际情况的合理差别。但是我们也需要意识到，法的一般性问题比我们最开始看到的面目要复杂得多，特别是何为合理差别依然是法律一般性理论中极为棘手的问题。

法的一般性对于法律要素的一般化处理是一种简单的归类处理，在逻辑上或者从行动理由来看会面对尴尬的局面，不同案件类似对待的概率要大于类似案件类似对待的概率。法的一般性的标准选择以及法的一般性的纠偏机制对于推进法的一般性与平等、公平的关系在很多情形下至关重要。只能说，平等需要法的一般性的支持，法的一般性是平等实现的现实条件，但法的一般性并不必然推导出平等，特别是实质平等。形式的价值与实质的价值要区别开来，形式所体现出来的价值有可能是形式本身具有的价值，也可能是外在的实质价值在与形式价值结合过程中代入的实质价值的映射。

二、反向的歧视问题

法治思想可以通过法的一般性理论来禁止某些个人享有特殊的法律待遇。但是压制的形式不仅仅是这样一种唯一的形态。因为属于某个群体（如妇女）而受压制的或因为具有某些特性（如黑人）而受压制的情况比个人享有特权的情况更加隐蔽，也更加难以在法律中清除。① 也就是说，法的一般性很容易将支持或者歧视个别人这种情况排除出去，但是在排除支持或歧视某一类型的人这方面则很难。例如，即使在 20 世纪美国依然存在黑人白人隔离的政策，南非的《族群住区法》（Group Areas Act）虽然没有提及任何个人，同时对白人和黑人分别实施了一套一般性的标准，但是我们仍然认为其违反了法律一般性所要求的实质内容平等，即法律面前人人平等这一原则。

法治理论告诉我们法律应该是具有一般性的，同时其在形式上可以是一个条件式，即"如果你想从事 X 活动，那么你必须遵守 Y 标准。"这里的关键也就变为 Y 标准的设定不应该是任意的，但是法治理论并未告诉我们这个 Y 标准是什么，需要我们对法的一般性进行更为深入的分析。

关于何种 Y 标准是非任意性的，有一个基于种族歧视的现实提出的一般性理论，这种理论认为法律允许同种类之间活动的区分，但是不允许不同人种之间的区分。其背后的原因在于活动是自发性的而人种是不可以改变的。不同的餐馆要求不同的卫生标准是合理的，因为如果你不想接受这种严格法律的约束，你可以不经营餐馆。但是种族和性别是人们无法控制的区分，这样黑人和妇女就无法避免关于种族或者性别方面严苛的法律。类似美国校车隔离是不合理的政策，一个最为重要的原因是它将特殊限制与人不可改变的种族特征联系了起来，人没有任何选择不参与这个活动。

但是，自发性活动与不可改变活动之间的区分并不能解决所有类似的问题。有些合理的差别对待是建立在不可改变的特征之上的。例如法律规定儿童必须接受教育，但是并没有规定成年人必须接受教育，而儿童在一定时间内是一个不可改变的现实。但是我们依然认为这种对于儿童和成年人的区别是合理的。也就是说类似不可改变的特征这些形式上的区别是不够的，我们依然要寻找到合理差别对待的实质性理由。

哈耶克在《自由秩序原理》一书中提出了一个解决方案，旨在检测某种差别对待是否具有实质的道德合理性。"如果这样的界分为该群体中的人和该群体外的人同时认为是有道理的，那么这类界分就不是专断的，也不会使某一群体中的人受制于其他人的意志。需要指出的是，这并不意味着这类界分的确立须得到一致的同意，而只是说个人的观点不取决于该个人是属于该群体还是不属于该群体。例如，只要某种界分得到了该群体内外的大多数人的赞同，那

① ［新西兰］杰里米·沃尔德伦．法律——七堂法治通识课．季筱哲译．北京大学出版社，2015：61-62.

么人们就有很充分的理由认为，这一界分将同时有益于该群体内外的人的目的。"① 以上文中提到的例子来说明，如果民众和餐馆老板都认为应该对餐馆实施特殊的卫生要求，那么餐馆和其他商业场所的法律差别就是合理的；如果普通汽车司机和救护车司机都认为救护车可以超过普通汽车的限速，那这种差别就是合理的；如果一个儿童长大后认为强制教育是合理的，那么这一差别对待也是合理的。而我们却很难想象在对于校区隔离政策的问题上，美国的黑人和白人都认为是合理的，就如同我们很难认同南非的《族群住区法》对土地所有权的种族限制是合理的一样。

哈耶克的理论并不是理想化地认为必须每个人都认为差别对待是合理的，而是提出了一个方向性的指引，让我们警惕任意歧视的可能性，我们需要认识到对特殊限制的支持往往来自被歧视群体的外部。并非严格意义上的全体一致才是合理的，而是如果某种差别被限制群体的内部和外部的大多数人都接受，那它就有力地说明这种区别是合理的。但是，如果只要群体内部成员赞成而外部人群反对，这就是一种特权；当只有群体外部人员赞成而群体内部成员反对，那就是一种歧视。哈耶克为判定歧视是否合理提供了一个更为有效的工具。

三、法的一般性中平等问题的解决方案

基于法律一般性原理，我们分析出了在其实质内容方面应该做到法律面前人人平等。如上文之分析，我们可以看到，在法律面前人人平等这一原则下，人们可能会有两种极为不同的理解。第一就是卢梭意义上的绝对平等，要求以同样的方式对待每一个人；第二就是"类似情况类似对待"，即除非有不同的情况否则不能区别对待，其逻辑推论就是如果存在不同的情况就可以进行区别对待。我们已经看到，卢梭意义上绝对的平等是无法在现实生活中落实的，我们必须要在成年人和未成年人之间做出区分，必须在普通车辆和救护车之间做出区分，必须在餐馆和工厂的卫生条件上做出区分，这些区分是合理的也并没有违反法的一般性原则。此时，类似情况类似处理也就成为一个不得不为之的选择。而为了界定何为类似何为不类似，就需要对不同的情况进行分类和区别，从这个意义上可以说"立法本身就意味着分类"②，也可以说立法就是

---

① ［英］弗里德里希·冯·哈耶克. 自由秩序原理. 邓正来译. 生活·读书·新知三联书店，1997：192.

② Frankfurter J. in Morey v，Doud，354 U.S.457at472（1957）.

在正当地创造一种体制性的"不平等"。

这样我们就实质性地推进了对法律一般性的理解，可以说法的一般性包含着对绝对平等的否定，并支持根据合理的差别对平等加以修正。也可以说我们达致了一种新型意义上的平等观念。而这里最为关键的不是如何限制、偏离绝对平等的主张，而是我们依据什么样的标准来说明这种区分是正当合理，并且不违背法的一般性原则。为何对黑人的隔离是违反法的一般性原则，而对救护车的单独对待就是合乎法的一般性原则？所有的关键在于我们进行这种区分时是否有个统一的标准。立法用什么样的标准来评估不同的人或者人群，并根据这些标准对其予以区别对待。马歇尔在《宪法理论》一书中总结了大概十个在实践中广泛践行的标准：（1）分类和立法对象之间必须存在某种关联（some nexus）；（2）分类必须以一种可以识别（intelligible）的区分为基础；（3）分类必须以一种真切和实质（real and substantial）的区分为基础；（4）分类必须与立法对象相关（relevant）；（5）分类必须与对象合理性相关（rationally related）；（6）分类必须与对象正当相关（fairy related）；（7）分类不应该变化无常和招人反感（capricious or incidious）；（8）分类不应该武断（arbitrary）；（9）分类必须合理（reasonable）；（10）分类必须正当（just）。①

但是这些分类标准不是等价的，而且其中可能还存在着某些冲突，需要进行进一步的体系化处理。我们可以将这些判断标准分为三类，按照严格性可以分为可识别标准、相关性标准、正当和合理性标准。当立法试图对立法对象予以区分对待时，就需要逐层去判断，其是否满足这三层标准。这样我们就建立了一个判断标准的体系，通过这个体系来检视立法做出的区分是否不违背法的一般性的正当的合理差别。

当两个人或者群体进行分类处理时，首先二者必须具有明显的可识别性（如皮肤、商业类型）；但是具有可识别性的不一定具有分类的相关性；既具有可识别性，又具有分类的相关性时，还应该进一步接受合理性的考验。而只有经过这三层标准的检验，我们才可以认为个人或者群体之间存在合理的差别，予以不同的对待时并不违反法的一般性原则。以两种征税立法为例，假如一项提议为对所有红头发的人征税，另一项立法提议为对所有赌场征税。在人群中我们很明显能够识别出红头发的人群和赌场。但是对于第一项提议我们很难说明征税与红头发有什么相关性，更难以提出合理的理由来说明对红头发人

---

① ［英］马歇尔著．宪法理论．刘刚译．法律出版社，2006：166.

群征税的合理性。而对于赌场而言，对赌场征税符合相关性原则，赌场与税收的设定符合征税原则（如高收入的主体应该缴纳更多的税赋）。但是对赌场征税却不一定符合合理性标准，有人可能坚持认为高收入的主体应该缴纳更多的税赋，所以赌场应该缴纳税赋；但是也可能有人认为这是不平等的，因为其他的高收入娱乐类主体（如游戏厅）并未征税，或者认为赌场的老板与其他企业的老板相比更热心社会公益。

　　通过上文分析可以发现，虽然通过体系化的标准可以大概将某些明显不合理的差别对待给排除出去，但是其并不能完全地解决何为合理差别的问题。赌场是否应该征税就是一个明显的例子，即使其符合可识别性和相关性，但是我们无法必然地得出结论认为对赌场进行征税就是合理的。因为关于何者为合理的问题上，由于两个对象之间理论上存在着无穷的差别，往往人民很难得到一个所有人都认可的结论。对于哪些立法分类所依据的特征是具有相关性的，哪些立法分类是合理的，往往无法预测。以对黑人的歧视为例，在相当长的时间内，是以黑人的智力水平等为依据的，与我们现在可以接受智商有欠缺的儿童进特殊学校学习类似。而依据当时的流行观念，这足以成为对黑人予以区别对待的相关性理由和合理性理由。但是很明显，在当下种族再成为一个区分理由显然是不能被接受的。同样一种区分，而什么时候可以成为一个合理理由，什么时候不是一个合理的理由，很多时候并没有一个确定的答案，似乎人们能接受的只是某种当下流行的社会标准。而任何社会标准都具有巨大的不确定性和变动性（所谓人心似水，民意如烟），不完全具备理性的论证能力。特别是由于立法者本身判断能力的局限性，立法分类可能是基于过时的社会标准，而没有清晰地把握当下民众心理的变化，并缺乏立法远见。可见即使我们通过可识别性、相关性、合理性三层标准体系来设定，依然无法对很多立法分类是否合理得出确定的答案。

　　当然有一种独特的情况我们一般认为并不违反法的一般性原则。即在具有相关性的某些类似情况下，立法机关并没有采取相同的行动。以德国为例，德国法院认为不能因为法律没有惩罚女同性恋就认为对男同性恋的惩罚是违反平等原则的。[①]立法无法在所有的类似情况中都追求一种数学上的平衡，平等也不是要求立法机关将所有的祸害都铲除。当然也存在例外，"屡教不改的重大盗窃犯，受到应得之罚，而贪得无厌的窃国贪官却逍遥法外，这是一种明

―――――――――――

① 　6 B. Verf G.E.389,（1957）.

显、突出、不容置疑的歧视"。①

总之，立法分类是否合理，是否违反了法的一般性，在抽象的数学平等与单纯的公众偏好之间如何掌握一个合理的限度，将在每一个具体立法行动之中产生诸多争议。

第二节　法的一般性的自由空间预留问题

自由是法所保障的核心价值之一，但对于何为自由，理解并不一致。贡斯当将自由区分为古代人的自由和现代人的自由，认为古代人的自由是一种各自具有自由，但各自的自由没有保障，是时刻可能遭到妨害的自由；现代人的自由是在篱笆范围内可以为所欲为的自由。②赛亚·柏林则从政治学角度提出了消极自由和积极自由的概念，认为消极自由不被干涉地被允许做其有能力或者愿意干的事情的自由。③雷蒙·阿隆则对自由作了法治的形式自由和能力的实际自由的分类。④从三者关于自由的界定可以看出一个共同点，那就是现实的自由是一个受到多重限度限制的概念。在政治与法律的视野中，自由受到现实政治力量和法律规范的限制和保障。即使是在康德之类的道德或者意志主义论者的视域中，为了和谐共存，自由相互之间亦成为彼此的标准和限度，提出法律那些能使任何人的意志依照普通的自由法则与他人的任意意志相协调的全部条件之综合。⑤而社会契约论的一个基本假设就是，在社会初期，人所享有的实质自由不能和平共存或者协作，导致人类社会处于人与人之间的战争状态。为了消除这种社会的病态，人人都放弃了一部分自由，将之委诸主权者、公意，由其制定法律来规范自由的共存共处。在现实世界中，法与自由是一种相克相生的关系。

在法的领域，消极自由或者形式自由是自由的一种主要存在形式。洛克认为，"处在政府之下的人们的自由，应有长期有效的规则作为生活的准绳，这种规则为社会一切成员所共同遵守，并为社会所建立的立法机关所制定。这是在规则未加规定的一切事情上能按照我们自己的意志去做的自由，而不受另

---

① Skinner v. Oklahoma，316 U.S. 535 at 541（1942）.
② ［法］贡斯当.古代人的自由和现代人的自由.阎克文，等译.商务印书馆，1999.
③ ［英］赛亚·柏林.论自由.胡传胜译.译林出版社，2003：189.
④ ［法］雷蒙·阿隆.论自由.姜志辉译.上海世纪出版集团，2007.
⑤ ［德］康德.法的形而上学原理—权利的科学.沈叔平译，林荣远校.商务印书馆，1991：40.

一人的反复无常的，事前不知道的和武断的意志的支配……"① 法对于自由的规定和保障有两种形式，一种是列举积极自由，另一种是规定消极自由。采用列举积极自由的形式对自由进行保障，主要是为了表明法律对于自由的珍视态度，是价值性的、实质性的。但列举积极自由并不具有现实可操作性，也不能穷尽列举积极自由。法律对于自由的规定，更多的是采用排除妨害的消极形式加以规定，包括排除来自公共领域的、私人领域的对于自由的妨害，以及对公共权力附加自由保障义务等形式。法律规范就是法秩序中消极自由的限度，并且是唯一的限度，排除了一般性规定之外的专断意志的随意、反复无常支配。从这个角度看，法确实在其规定的限度内排除了对于自由的随意干涉，但也仅仅是在法规定的限度内。任何超越法的形式限度进行的实质评价，都需要附加进一步的实质条件。形式与实质的不可通约性远大于事实与价值的不可通约性。因而，到此为止，洛克的论述并无瑕疵。

但洛克、霍布斯等对于法的自由的欲求并不止于此，从形式自由导向实质自由是包括自然法学派在内的法治论者的后续操作。典型的如弗雷德里克·梅特兰提出的，"公知的普遍性法律，无论怎么坏，与那些事先不知道的规则为基础的相比对自由的干涉都要少。"② 对于法的一般性与自由的关系，一方面，一般性的规则在被制定出来之后，就提供了一个确定的行为标准和行动指南，但与此同时，法的规范范围也被确定下来。在法的规范范围之外或者法律明确赋予自由的领域，规范对象获得了自由行动的权利。这部分自由可以被称为"余量自由"或者"保留自由"。"法律所规定的只是个人行动所必须符合的部分条件，而且只要某些条件存在，这些法律便可以适用于非特定的任何人，而不论特定情形中的大多数事实为何，所以立法者不可能预见到这些法律对于特定的人会产生什么影响，也无力预见特定的人将把它们运用于什么目的。"③ 从消极的角度看，不论某一法律被认为是权利性的法还是暴虐的法，法所规定的都是"部分条件"，都为规范对象预留了一定的行动自由。但问题是，"余量自由"的范围和内容在不同的一般性法的环境下具有很大的不同，自由的多少、自由的类型等都是衡量自由权利状况的核心指标，而这些指标都不是形式性的法的一般性所能够能决定的。法的一般性所能够保证的只是在其

---

① ［英］约翰·洛克.政府论（下篇）.叶启芳，瞿菊农译.商务印书馆，1964：15.

② Frederic Wlilliam Maitland. *A History Sketch of Liberty and Equality*. Indianapolis：Liberty Fund 2000（1875），p.110.

③ ［英］弗里德里希·冯·哈耶克.自由秩序原理.邓正来译.生活·读书·新知三联书店，1997：189.

未规范的领域或者明确赋予自由的领域，在法没有变更之前，"余量自由"会获得法的保障。即使是为限制自由而制定的法，在其未能穷尽性地进行自由限制的情况下，依然会有自由存在的空间。但这样的自由绝不是权利保障视野下所说的自由，单纯地谈论自由存在的可能并将法的一般性定义为一种自由保障机制并不全面。法的一般性是一种有效的实质自由的推行机制，但并不决定实质自由的性质，法的一般性也可以服务于限制自由的法。而梅特兰关于一般性法与非确定性法对于自由干涉的评价，并不具有历史依据和论证逻辑性，偏向于一种直白的感受表达，其对于形式自由与实质自由、消极自由与积极自由的论述多具有概念自动替换的倾向。

另一方面，法的一般性所要求的法律面前一律平等，不仅仅意味着法律不能使某些个人和群体享受特权，以及法律不能使某些群体受到歧视，同时意味着在提供某些公共服务时也不能因为不合理的原因而对不同的人和群体予以区别对待。而此时法的一般性原则就会与自由原则发生冲突。如果说公共机构在公共领域提供公共服务时不能基于不合理的差别来对不同的人和群体予以区别对待，那么在处于法律之外的私领域就可以主张拒绝、收回、分离的自由。即"政府宣称不公平的区别对待属于违法行为，这既是可行的也是可取的，然而，若在私关系领域存在不公平的区别对待，政府则不应该干涉[1]"。一个典型的例子就是国家和政府提供的服务或者工作中，不能对某些群体采取歧视性措施．前几年我国一些政府部门在公务员招考中歧视乙肝患者，而遭受批评的原因就在这里。但是在家庭或者小作坊雇工的情况中，具体雇佣谁不雇佣谁，完全是雇主自己的权利和自由，并不受反歧视规定的影响。法的一般性在私人的权利面前触碰到了其边界。

这里将要面对的核心问题就是如何界定公领域和私领域，这个问题在美国的宪法争诉中表现得特别明显，美国宪法第十四修正案的平等保护条款规定，国家保障每名美国公民不被各州的州政府剥夺依法享有的公民权。于是大量的争诉就发生在何为"州政府的国家行为"这一条款的界定上。由于现代社会存在大量的准政府组织，使得我们很难在公私之间做出区分。针对何为政府机构这一问题，根据不同的标准，可能会有不同的答案，许多机构并不是正式的政府组织，但是其却在制定和执行公共政策中发挥着极为重要的作用。如果将所有国家支持的个人行为都视为国家行为，那么在现代社会则很难再发现什

---

① Report on the Constitution of Rhodesia and Nyasaland，1960（Cmnd.148，p.78）．

么私行为，因为现代国家几乎所有的个人行为都受国家各种资源的支持。当然，这是美国特有的法律问题，我国则没有这样的理论负担，即从宪法的有限规定中推出公权力歧视的边界。我们可以直接立法对私人歧视行为进行限制，而2020年发生在美国的黑人平权运动也昭示着，原来处于法律之外的私人歧视会逐渐纳入法律禁止的行列之中。以奥斯卡评审委员会为例，其已经开始主动设置一些评审条件以限制投票的范围，没有履行保护有色人种和女性的电影，将无法角逐奥斯卡。

法治语境所设定的法是制定良好的法。制定良好的法，除了立法技术优良，所制定的法具有现实执行性外，主要是指法是保护包括自由在内的公民权利、具有优良外在德性的法。"法律不是压制自由的措施……法律是肯定的、明确的、普遍的规范，在这些规范中自由获得了一种与个人无关的、理论的、不取决于个别人的任性的存在。法典就是人民自由的圣经。"[1] 保护人民自由的法，或者说人权作为一种价值被确立起来是近代的事情，即使是现在，各国法律对于自由的保护状况也并不一致，保护自由的法是法治状态下法的一种形态。近世以来，法治论者对于法的一般性与自由的勾连，含有一种整体性法治背景和论域的现实背景，因而，法的一般性与排除个别人任性的专断联系是一般性的，法的一般性与自由的联系却是有条件的。

综上所述，一般性的法可以排除专断意志对自由反复无常的干涉，但却不能保证一般性的法本身是对自由进行保障的法，戕害自由的法也会具有形式上的一般性。一般性作为一种形式性要素适配于各种类型的具有一般性的法。一般性的法所保障的自由是具体的一般性的法事先规定好的、作了限定的自由，至于制定时法保障什么样的自由、保障多少自由，乃至于制定法的意志是不是专断的，都不是法的一般性所能置喙的。将法的一般性与自由联系起来，多是缘于对法与自由既保障又限制关系的一种感觉移植。卢梭在《社会契约论》开篇即写道："人是生而自由，却无往不在枷锁之中。自以为是其他一切主人的人，反而比其他一切更是奴隶。"[2] 自由和法的一般性的关系大抵如此，自由与法的一般性的某些法治主义论述在这个意义上需要重新理顺二者的关系：法的一般性是实现法的自由的最佳配置，但法的一般性所实现的也仅仅是法的自由。

---

① 马克思恩格斯全集（第一卷）.人民出版社，1995：176.
② ［法］卢梭.社会契约论.何兆武译.商务印书馆，1996：8.

第三节　法的一般性对于官方侵害的防治问题

一、法的一般性对于官员侵害的防治问题

国家与个人在法律面前平等的问题是一个英国法理学和公法面对的独特且重要的问题。不同于大陆法国家，基于国家必要的理由，很容易接受国家和个人是不平等的主体。基于共同体存续的某些重要的理由和共同体的某些目的，在欧陆的法律传统中，是可以赋予共同体的代理人享有某些特权并禁止私人享有这些权力。但是在普通法的英国，理论上只认可私人，行政官僚、警察、平民都是女王的臣民。"至于国家需要（state necessity）这一观念，以及国家过错和他人过错之间的区分，在普通法传统中无法得到理解，而且英国的教科书也不关心任何这类区别……根据英格兰法律，对于私有财产即使非常微小的侵害也属于侵扰"①。也就是说根据英国的法律传统，英国官员（特别是警察）和公民之间的关系通常被当作公民之间的关系来处理，"这一简单的思想对英国法律的和法学理论的控制实在令人吃惊"。② 在英国的法律传统中，流行观点认为警察就是"穿着制服的公民"。官员在公布信息、实施拘捕和执行惩罚的行为方面仅仅具有十分少量的武器，同时也只是在十分微弱的意义上可以得到保障，其权力并不比大街上的普通公民的大多少。

可以说 19 世纪的英格兰法院就是基于这样的一个假定来处理案件，其目的就是维系官员与公民之间的平等之平衡。如果遇到官员干预公民财产的情况，法庭会长篇累牍地讨论自然正义原则。其预设的便是法庭认为官员和公民具有平等的法律地位，而且法庭会公平地处理二者之间的争议。19 世纪伟大的英国法理学家戴雪就是这样来描述英国法治的本质的。他认为公职人员与私人是平等的，而且国家官员应该在卢梭意义上的均等条件下来面对私人。他在《英宪精义》中特别强调这一点，"不仅指我们中没有人能凌驾于法律之上，而且这里的每一个人，不论其等级或条件，都要服从于国家的普通法律并服从于普通法院的管辖"。③ 也正是基于此，戴雪强烈地反对法国行政法院所代表的

---

① Entick v.Carrington（1765），19 State Trials 1030 per Lord Camden C.J.
② ［新西兰］杰里米·沃尔德伦. 法律——七堂法治通识课. 季筱哲译. 北京大学出版社，2015.
③ A. V. Dicey，Introduction to the Study of the law of the Constitution，1885 London；Macmillan，1961，p. 193.

"司法二元主义"的特点，他坚决反对在行政法院之外设立行政法院，因为法国的行政法院并不要求官员服从于普通法律，而是需要服从于不适用于公民的特殊行政法①。

但是这种顽固的英国法律传统太过保守，特别是放置于现代社会的语境中，其具有相当程度上的荒谬性。首先，从常识上来说，警察理应在逮捕、拘留、询问等方面具备某些特殊的权力。不仅仅是警察，国家系统中的其他工作者（如社会工作者）也都依靠立法者给予的特定权力来完成特定的工作。这些权力可能在是否过度的问题上存在争议，但是没有人会否认国家官员为了完成特定工作需要立法者授予其特殊的权力。其次，事实上詹宁斯爵士认为，即使在戴雪之前的时代，英国也早已存在各种专门的行政法院来审理有关食品的案件，而且在《英宪精义》出版前十年的 1875 年，英国以及通过法律授权各地方的卫生机构采取各种强制手段来防止流行病或其他传染病的传播，而普通法院并不能禁止行政权行使该权力。② 可以说英国传统上国家与私人的平等观念具有相当程度的虚幻性。最后，随着 20 世纪国家管理活动复杂性的急剧扩张，在经济关系和行政关系领域继续让官员和公民适用同样的法律已经变得不现实了。越来越多的争议需要政府机关来予以判断和解决，相比于普通法院，政府机关是自身计划优劣的更佳判断者。

戴雪虽然也认为官员承担着比普通公民更广泛的责任，但是其依然认为这是他们正常法律责任之外的责任。公民挑战官员行为所依据的法律与挑战其他公民所依据的法律并无区别。这样法的一般性在国家和个人关系的问题上所得出的结论似乎是简单地认为国家官员与其他人应该受到完全一致规则的限制。显然这样的一个认知我们必须予以放弃，我们必须承认国家和个人在法律上的平等不意味着二者需要承受完全一样的规则。一个可以接受的结论是法的一般性决定着国家官员同样将受到国家普通法律的制约，除非法律作出例外规定。而当存在制定特殊法律的必要时，国家不仅仅应该在普通法律中做出例外规定，还应该制定单独的规则来规范所有官员的行为。

但是这里依然面临着一个问题，戴雪对法律一般性和行政法的评论虽然遭到了强烈的批评，但是其提出的一个问题依然具有意义。在官员和公民都适用同一种法律的情况下，在发生争诉时，公民可以以此为基础来向普通法院提起诉讼。但是在适用行政法的情况下，即如果官员和普通民众适用不一样的

① 这样一种认识随着戴雪理论的影响力的扩大，也间接地使得英国的行政法发展十分迟缓。
② Wade/Dicey，CXX；Jowell/Oliver，Ibid. at p.59.

法律，官员和民众发生争议时，是不是所有受到官方作为或者不作为影响的民众都可以以官员规则为依据提起诉讼，以保护自己的利益？显然对任何官方行为都可以提起诉讼是不现实的，例如征税、征兵都是官方行为，是不是公民都可以以其侵害自己的财产和人身自由为理由提起诉讼？答案显然是否定的。一个可能的解决方案是对所有平等影响所有人的官方行为，如征兵或者征税，不允许公民提起诉讼；而对于在个体层面影响公民的官方行为，允许公民提起诉讼。但是这样一种解决方案依然存在相当程度的局限性。但是何为个体层面？一个政府政策的变化影响了一个工厂或者一个城镇，而并没有影响所有人，那这算是个体层面吗？似乎依然没答案。这其实与另一个古老的问题高度关联：哪些领域政府必须受到确定规则的约束，哪些领域又可以让政府自由地制定个别政策。通常我们认为刑法领域政府必须受到严格的约束，而外交领域政府则可以自由地制定和实施个别政策而不受司法制约，在外交领域中官员与民众必然不平等。那种试图让所有官方行为都尽可能地受到法律制约的观念并非是不证自明的。似乎我们可能达到的唯一结论就是当国家作为一些公共利益保护者时，可以不类推适用私人之间的规则。

法的一般性在法律的内容层面可以归结为法律面前人人平等，而法的一般性的一个最基本的功能就是防止政府专制，这样法律面前人人平等似乎很自然地过渡为官员与公民在法律面前一律平等。而这恰恰也是英格兰法律传统中的一个重要观念，并受到以戴雪为代表的法治理论的支持。官员被纳入普通法的规制中，并仅仅视为"穿制服的公民"，赋予极少的特殊权力。但是很明显，将法的一般性简单化地理解为官员与法律的绝对平等是违反常识的。特别是随着现代国家规模的扩张，以及行政管理和经济管理活动的复杂化，官员必然需要被授予大量不同于普通公民的特殊权力。这样法律一般性被认为是官员与私人绝对平等的观念就受到严重的挑战，法的一般性允许在官员和私人之间做出类型化的划分，针对不同的事项官员可以享有特殊的权力并接受特殊的规制。佀是一个重要的问题就是，是否官员的所有行为都是可争诉的，这个问题进一步深化了法律一般性的追问，而无论是按涉及人群来划分，还是用涉及的事项来划分，都无法得到令人满意的统一答案。而这个问题也就需要把法的一般性问题放到一个更为一般的立场来予以检讨和推进。

二、法的一般性对于暴虐性法的防止

德国《基本法》规定："当某项基本权利由法律或基于法律而受到限制

时，此项法律必须适用于所有人，而不能只针对某些人。"个别立法禁止的目的，在于杜绝区别立法可能造成的特权或歧视现象。哈耶克认为，如果法的一般性得到落实，那么统治者将不愿意采纳暴虐性法律，这些法律按普遍性和平等性的要求同样适用于他们自己①。这样，法律就具有了交互性。在交互性法之下，基本条款的制定就使得人们不再有必要对那些需要特别保护的基本权利做专门的列举规定，因为基本权利的规定同样适用于法的制定者，法的制定者基于自身利益的考虑也会将基本权利条款制定好。② 每个人被一套共享的抽象规则所统治。如果一个人受制于另一个人，那么这个人的处境就是任由另一个人的冲动和激情摆布。但如果每一个都受制于一般性的法律，那么个人的因素就被排除在政治和法律之外。③ 沃尔德伦也认为，"如果任何法律的责任不仅要由法律制定者之外的其余人承担，而且也要由法律制定者承担，那么我们拥有恶法或暴虐之法的可能性就更少。"④ 哈耶克是一个坚定的自由主义者，这是具有经济学背景的法学家的一个共性，这也许与经济学中对自由决策、自由竞争的推崇有关。因而，哈耶克对于法的一般性对暴虐之法的排斥的表述较为绝对，而沃尔德伦对此则较为保守，表述也有所削减，认为法的一般性只是降低了恶法或者暴虐的法的产生概率，并不认为法的一般性与暴虐法具有绝对的排斥关系。昂格尔认为，"只要立法者必须通过普遍规则而宣告自己的意志，他就不能直接惩罚或者表彰任何个人，因而，也就不能把任何人置于自己的直接人身控制之下。行政者只能在不是他制定的规则限制之内与个人打交道。"⑤ 这一论述点明了法的一般性的作用机制，认为一般性的法宣布了一个普遍规则，也就意味着放弃了对于个体的直接控制，从而不能任意地惩罚个体或者奖励个体。法的一般性作为一种社会规范机制最大的优点就是可以批量处理类型化的社会关系，在社会关系日益复杂、社会范围渐趋扩大的情况下，一事一议的处理方式不具效率性。但法的一般性作为一种形式机制，处理结果的优良程度、德行状况并不是形式的法的一般性的关注范畴。批量处理的不一定就会获得善的结果，个别化处理也可能是为了实现正义。

① [英]弗里德里希·冯·哈耶克.自由宪章.杨玉生，等译.中国社会科学出版社，2012：220.
② Hayek, Law, Legislation and Liberty, vol.3, p.110.
③ [新西兰]杰里米·沃尔德伦.法律——七堂法治通识课.季筏哲译.北京大学出版社，2015：50.作者这段话转述了亚里士多德《政治学》的表述.
④ [新西兰]杰里米·沃尔德伦.法律——七堂法治通识课.季筏哲译.北京大学出版社，2015：61.
⑤ [美]昂格尔.现代社会中的法律.吴玉章，周汉华译.译林出版社，2001：171.

按照马克思主义法学的观点，法是占优势地位的社会阶级对弱势阶级或者被统治阶级进行强力统治的社会规范形式。法是理与力的结合①。法之理在于：（1）法作为上层建筑要受到经济基础的规范和制约，要与经济基础相适用。法作为一种意志的产物，并不是一种任意的产物，要反映和贴合经济基础的内在和规律。因而能够看到，在不同的社会发展阶段和社会发展总体状况下，总会有大体相似、具有共同特征的法的存在。（2）法律规范中含有大量的科技规范、经济规范、逻辑规范等具有规律性的规定，可以统称为技术规范。法律处理的不只是群我关系、人人关系，还要处理作为群体的人与自然的关系、社会的关系。这些关系具有客观性，不以人的意志为转移，人只能利用和顺应。"理"对于法具有强制的规定性，法的公共服务功能或者法的社会性主要就体现在"理"的方面上。法的"力"主要体现于法的阶级性、阶层性乃至个体性上。法作为一种社会意志的体现，即使是民主社会的"公意"也不是"众意"，注定是社会中主流意见的一种规范形态。法是意见压制向力量压制转换后呈现出来的，法所内含的意见的初始表现是规范表述，一旦遭到对抗性反应就会启动强力应对机制。法所内含的社会意见在整体社会的接纳度，以及法为了维护其所内含的意见所愿意和实际采取的强力手段的刚硬程度，决定了一个特定的法体系的"暴虐"程度。

从个人主义出发与从集体主义出发观察法的暴虐性问题，视角的差异决定了对于法的"暴虐"的现实承认度和容忍度的差异。法的一般性作为一种技术手段，在法体系中有多种形式的存在，法的一般性有形式和层次的区别。在法的一般性作为法的一个基本属性在法的整体架构中搭建起来之后，法的一般性的层级趋于下移。个别主义的法的一般性是其走向精致的一种必然选择，但个别主义不允许突破法的一般性的限度，特别在立法层面个别主义也是一般性的。

纯粹形式上的法的一般性要防止暴虐必须与某种实质正义，或者"整合性"②的法律一般性结合起来。法的一般性要做到防止暴虐之法，就必须是完整意义上的完全的法的一般性。破坏法的一般性，从而实施迫害，既可以是将某个或某几个特定的个人挑选出来予以区别对待，还可能实施对具有某一个一般性特征的特定群体实施迫害，如基于特定民族、宗教、身份等对某一人群进行优待或者迫害。个人主义视角对于法的暴虐，多是从个体性区别对待来看待

① 孙国华，黄金华．法是"理"与"力"的结合．法学，1996（1）：3–5.
② 这里借用了德沃金的整合性概念来指代法律上的平等和法律下的平等。

的，其排斥法的暴虐性；集体主义视角对于法的暴虐，则是从人的群体性划分之后的群体性区别对待来看待的，认为法的暴虐性是一种历史现实，法本身就内含着"暴虐"的一面。从现实的角度看，在保持法的形式一般性的情况下，历史上存在着大量的基于特定民族、宗教、身份等对某一人群进行优待或者迫害的法，对这种法，除了特定价值视角下的批判性认识外，大体还是承认其具有法的一般性的。若非如此，奴隶制法、封建制法都会被视作"非法"。而且按照现代的视角，在现代文献还在大量引证亚里士多德的"法治"论述的情况下，古希腊所谓的法治也不会得到承认，这不得不说是一种理论的吊诡或者有意的遮蔽。而得到批判的更多的是第一种情形，将某个或某几个特定的个人挑选出来予以区别对待。而这又可以分为两种情形，一种是为特定人设置例外的法律，如在中世纪的英格兰，常有被称作"褫夺公权法案"的法规，它宣布将特定的某个人（如华威伯爵或国王的兄弟）驱逐出这个王国，并没收他的财产。实际上，尽管《褫夺公权法案》被当作制定个人化法律的例子，但从历史上来看，把它们当作以法院身份行动的议会所通过的裁决而非现代意义上的成文法，更为精确。尽管它们只适用于明确规定的个体，但几乎所有的《褫夺公权法案》都援用抵制叛国的一般法来为它们自己辩护。① 或者说，这种形式的限缩法的一般性的做法，至少保留了法的一般性的面子。另一种情形是，直接将特定的人宣布为"不受法律保护的人"，进行法外对待。如古罗马的苏拉以公告形式宣布保民官苏尔皮奇乌斯和马略为人民公敌，"不受法律保护"。西塞罗、孔多塞等也被以此种方式对待。这种法外处刑彻底撕下了法的一般性的遮羞布，从这种意义上讲，法的一般性具有一定的保护权利的功能。重新修法的巨大成本以及无法预先设想到所有侵权情形和方式的局限，都对于施虐者构成了一种先在性拘束。

一方面要看到，即使是再暴虐的法律，如果具有了法的一般性，面对着法所将施予的广大对象也不得不有所收敛，毕竟权力的基础离不开公众意见，完全忽视公众意见和大众舆论的政权和法律的生命终究不会长久。完全不顾及规范对象意见的纯粹暴虐的法在现实中的存在概率较低。而一旦法具有了一定程度的一般性，就必然会在一般性法律规范下留出了一定的自由行为空间。在这些空间，人们获得自我决断的自由授权。而现代法的一般性的一个方面就是法的意志的一般性，即现代的法对于"公意"的集合越来越具有社会涵盖面，

① ［新西兰］杰里米·沃尔德伦.法律——七堂法治通识课.季筱哲译.北京大学出版社，2015：86.

法治意义上的法的一般性的实质面就是意志的一般性。这些实质性要素不是形式的法的一般性自身内涵的，而是确实可以通过实质价值传导的。形式的法的一般性与实质的法的一般性并不一致，但完全抛开实质的法的一般性来谈论形式的法的一般性并不现实，也不合理。当然，在探讨的过程中，需要将二者作必要的区分，以避免前面所提到的法治论者对于二者混淆产生的衍生混乱。另一方面，一般性立法的"返诸己身"的机制确实会现实地抑制暴虐的法的出现的可能性，① 但一般性的、普遍适用于法律主体的规则实际也可能对自由等权利进行严苛的限制②。法的暴虐与否是一个具体性感受问题，对于某一群体暴虐的法对另一个群体也许意味着福利，对某一群体的利益也许就是对另一群体的损害。即使在现代的民主立法环境中，依然存在着对立法内容的激烈博弈，不会因为其是一般性的法就天然地得到各个社会群体的集体拥趸，道理就在于一个具有一般性的法并不是对各个社会群体同等友好的。一般性法也可能是一个基于偏见、自我利益或者某种那样的东西作出的武断处分。即使是在现代社会，利益的分化既是一个现实，也得到了法的承认。道德相对主义、利益相对主义以及价值多元性本身就是现代社会的一个共识，也是安排社会生活的一个初始出发点。现代的法越来越趋向于只对维护社会具有基础价值的社会关系、价值进行规范，对于具体价值的争议，法趋向于采取退出策略。

第四节　法的一般性有助于增进效益

法是人类理性的制度化，是"理"和"力"的结合物。道德性是社会之"理"，科学性是自然之"理"。正如前面对于法的一般性的实质理由讨论所展现的，即使是在价值多元背景下，法的一般性的实质方面无法通过一个统一的名词表达出来，但每一种类型的法或者每一个实在的法都是一种法所规范的社会要素的集合。这种社会要素的集合所包含的社会价值、科学原理，乃至法律暴力所展现的社会力量对比等，都反映了一种社会的必然。这种社会的必然，哪怕是靠暴力维持的，也具有"理"的属性。

在法的"理"空间，法为行为提供指示，行动者也将法作为行动的直接理由。对于法何以成为行动的理由，不同的学派提供了不同的答案。自然法

① 刘风景.一般性立法的精神与坚守.江海学刊，2016（3）：136.
② ［英］弗里德里希·冯·哈耶克.自由秩序原理（上）.邓正来译.生活、读书、新知三联书店，1997：192-193.

学派认为，法是自然、神性、理性或者权利的表征，遵从法就是遵从自然的规律、神性或者理性的感召，体现了对于人的权利的尊重，从而可以过一种"善"的生活。实证法学派则将法定义为一种实在的社会现实，实在的法律规范作为一种实践权威实际发挥着行动指引的作用。法经济学派则认为，法体现了一种经济性、功利性，按照法律规范的指引行动能够实现行动优化。虽然各个法学流派对于法作为行动理由的解释各不相同，但对于法作为行动理由的正当性都给予了认同，即法作为行动理由可以给人所欲求的目的提供一种有效的一般性路径指引。

一、法是对于社会一般智慧的规范表达

法律是一种个体性社会生活和整体性社会治理的规范性工具，这是诸多法学派特别是"一般法律实证主义"[①]所认可（自然法学派也不否认这个观点，只是强调人的主体性和合目的性，将其限定在工具的范畴内），以及法的历史所表明和证明的。法律的发展就是一部人类社会治理经验与智慧的形式表达史与实践史，但这部历史与普通史有所不同，是一部"资治通鉴式"的一般史，是一定地域、一定时间内的人群的一般性经验的历史，而不关注个体性体验和行动。"真正的法典是从思维上来把握并表达法的各种原则的普遍性和它们的规定性的"[②]，是记录人类一般性智识的文本。这些智识和睿智在法律中主要体现为法律的一般性，法律的一般性因而带有了智慧的色彩。

法的一般性的基本操作流程包括两个步骤：一是将社会生活具有普遍性的行为类型挑选出来，并将之作为一种需要提供解决方案的问题。法要解决的问题类型是一种社会形态中具有普遍性的问题，不具有普遍性的问题不具有法解决的资格性。法律规范的制定和实施都是一种耗费巨大社会成本的活动，非普遍性行为类型对于法律机制的利用率偏低，会导致不经济。法的一般性作为一种简省性的社会关系处理机制，主要优势就在于能够用一套机制处理无限多的法律关系和法律行为，并且可以往复循环、重复操作。二是针对提出的普遍行为类型，进行直接理由或实质理由的列摆，并进行理由的竞争从中确定一个在一般情形下具有优势地位的理由。这个具有优势地位的理由被稳固化以后，会以规范指引的形式被表达出来，法律规范就成为了行动的直接理由。在法的

---

① 这里的一般包括两种理解，一种是狭义的法律实证主义的主流学派，另一种是与价值法学派相对的所有关注实证研究的法学派，如法经济学派等。

② ［德］黑格尔.法哲学原理.范扬，张企泰译.商务印书馆，1982：219.

空间，法律主体所关注的只是法律规范是如何规定的，至于为何如此规定却并不清楚。但法律规范作为一种行动理由或者三段论推论的大前提，是需要说理和论证的。自然法学一直是围绕着这个背后的理由来认识和设计法律体系的，实证法学即使只是简单地将该法律规范归结于主权者，但主权者地位又何尝不是一种社会实证的解释呢？存在即合理，存在本身就是一种理由。规范作为一种行动理由或者实践权威，只是一个"二阶理由"，"二阶理由"对于"一阶理由"具有依赖性。[①]"一阶理由"是直接用于解释具体行为的行动理由，"二阶理由"是对众多的"一阶理由"的一种选择和抽象化。整体而言，不同的自然法论者将法律的权威性分别归结为自然、神意、人的理性或者权利等，通过社会认同的总体性行为理由来赋予法律权威性；实证主义者则是通过将法视为社会事实来解决行动理由问题。[②]这些总体理由都是人在与社会、自然打交道的过程中，对于社会、自然人经验的总结，是人在社会、自然中生存发展的方式、方法、路径优化选择的抽象表述，是人类智慧结晶的规范表达。具体而言，每一条规范的设计除了受到总体性标准的指引外，会将现实中各种具体的路径和方法进行具体的理由化处理，从中选择出在普遍情形下普遍适用的理由。这种选择就具体行为指引而言可能不是最优的，但附加上法律运作机制、总体社会平衡等因素，至少是一个次优的选择。如果进一步考虑个体对于信息、知识的获取成本和障碍，即使具体到微观角度也是一个不止于次优的选择。

二、法的一般性的效益类型

智慧的一个衍生物就是效益，法律一般性的智慧也会带来效益。从社会治理的角度看，法的一般性可以产生宏观效益：一是把国家在社会治理中形成的智慧和技术，以法规范的形式予以提炼与定型，作为人们普遍的行为模式，确保社会的永续发展，可以提高法律调整的效率。[③]法的一般性所内含的智慧是一种集体性智慧，是特定社会内部对于法律关系优良处理方式的集成。这种集体智慧型行为模式的设定，相较于社会信息和知识并不充分、社会关系应对策略参差不齐的个人而言，是一种智慧分享和行为选择不强。这对于社会行为质量的提升具有整体性意义。法律家长主义或者法律父爱主义的出现，正是

---

①　Joseph Raz, The Morality of Freedom, p.39–40.
②　陈景辉.法律的界限：实证主义命题群之展开.中国政法大学，2004：130.
③　刘风景.法治的阿基米德支点——以法的一般性为中心.法学论坛，2013（5）：33.

基于对法行为指引质量的自信，也是看到了个体性法律主体囿于理性、信息、知识的缺陷虽然愿意过幸福的生活，但却总不能看清什么是幸福[①] 这样一种状况。二是可以减低社会治理工具的制作成本，法律也是一个可以重复使用、对象广泛的社会治理工具，与次数有限的社会治理工具相比具有"一次成型、逐步改进"的成本优势。因而，当人们需要采取特定的法律行为或者形成一定的法律关系时，不必再重复地进行法律决策，能对同样的情况采取相同的措施，降低法律运行的成本。经过立法者在制定规则时对相关问题的思量之后，法律适用者就免除了再次对该问题进行盘整的责任[②]。对于裁判者而言，按照法律规则进行裁判，意味着裁判者免除了对待裁判案件诸多实质性相关特征的审查责任，而只需要对法律规范经过裁剪的法律事实进行整理，法律事实的诸多细节被选择性无视掉了[③]；法律事实的评价标准也已经给定，除了在疑难案件中还需要进行处置结果的衡量、选择之外，裁判结果的给出程序简单的被孟德斯鸠形容为"自动售货机"。

另外，法的一般性还克服了微观经济学的一些弊端，从系统和整体的角度来看待和计量法律规范的总效果，其宏观协调避免了个体行为的无效率，这也是生活逻辑与规范逻辑冲突的一个方面。从个人行为选择的角度看，法的一般性可以产生微观效益：法的一般性降低了人的社会化成本，由于法的一般化，人的行为趋同，所以在生活中体验和感受到的社会行为知识跟书本和教育系统中的社会行为知识具有对应性，示范与教化合一既降低了社会的支出，也降低了个人的社会化成本；法的一般性降低了人的行为选择成本，提高了选择效率，法所规定的行为模式就是行为的最佳选择，能够产生最佳的效果，至少可以避免负效果的出现。这大大降低了社会系统的偶然性和复杂性，是社会复杂性的缩减器，降低了个人对于行为的评估和选择成本，提高了产出效益。

第五节　法的一般性促成一种稳定的社会秩序

社会秩序也称公共秩序，是指社会状态下人和事物存在与运行的稳定性、一致性、连续性，以及为了维持这种稳定性、一致性、连续性而形成的社会的

---

① ［法］卢梭.社会契约论.何兆武译.商务印书馆，1996：39.
② ［美］弗雷德里克·肖尔.依规则游戏——对法律与生活中规则裁判的哲学考察.黄伟文译.中国政法大学出版社，2015：170.
③ ［美］弗雷德里克·肖尔.依规则游戏——对法律与生活中规则裁判的哲学考察.黄伟文译.中国政法大学出版社，2015：171.

稳定性结构、过程和模式。社会秩序是正常社会生活得以有序进行的基本条件，即使是自然法学派也认为稳定的社会秩序与正义、公平、自由、平等等价值一样，是法所追求的目标之一，特别是《社会契约论》提到，结束人类生活的无序状态、营造和平的生活环境是"自然法则"得到实施的前提。创造秩序、实现对社会的控制是法的基本功能，使人类摆脱人与人之间的战争状态、和谐共处是追求人类实质价值的前置性保障。维持社会秩序是任何实质价值得以实现的必要条件，秩序在社会状态下可以与多种价值适配。秩序意味着某种程度上的安全，而安全自保是人最底层的生物本能需要。因而，秩序不只是一种实质价值的保障性、程序性需求，也可以转换为安全、自存这样一个实质价值的表述。随着社会发展的推进，精神性权利成为权利论述话语的"大词"，但"生存权""安全权"一直是更高层次权利的基石，是人得以自存的最基础要求。

一般性是任何类型法律规范所共同具备的特性，在法所共有的意义上理解的法的一般性没有特定的实质价值偏好。不论是奴隶制社会、封建社会、资本主义社会的法还是社会主义的法，一般性都是法所必然要求具备的。法的一般性也服务于这些法律类型所设定的实质价值和形式价值，并最终服务于有这些价值综合构成的价值体系。这些价值体系在社会现实中展现出来，就是一种稳定的社会状态，或者叫作社会秩序。不同的法律秩序所珍视和保障的实质权利无限多样，实质权利的序列结构也并不类同，但只要存在一套架构完整的法律制度体系，就必然会存在一个对应的法律秩序，构造一个法的秩序空间。这些社会秩序的价值色彩并不具有连续性或者一致性，只是在某一法律所维持的社会秩序中提供了一种可预期性和稳定性，进而提供了一种安全选择策略。大陆法系特别是法典学派所主张的建构主义，以及英美法系的经验主义，对于法律秩序的追求并无二致，所区别的只是对于秩序是建构的还是自发的认识和实践路径的不同。不论是偏道德的，还是强制性的，法是一种秩序的规范物。特定的法都是与特定的秩序同一的。

一、整体上，法的一般性在社会形态上表现为一种稳定的社会秩序

不论是建构的秩序还是自发的秩序，都意味着社会形成了一种稳定的结构，进行社会行为都需要遵循一定的社会规则。包括法在内的社会规则的基本属性就是一般性，法的一般性通过抑制差异、突出共性将其所规范的对象的

共性特征稳固下来，从而在一定的法秩序空间中持续性发挥作用，从而得以养成一种社会秩序状态。在这种法律秩序状态中，行为模式、法律后果被按照一种相对固定的模型在大范围对象中持续地得到加强，因差异所引发的冲突得到抑制，共性的塑造引导"共同体"的形成。通过法的一般性所塑造的社会秩序，是一种着眼于稳定性自身的对于稳定性的追求和塑造，保守性是这种稳定性的一个突出特点。秩序的稳定性关注现在乃至过去的情形，基于对现在及过去已存社会事实、社会关系的观察来设定未来行为的行动规范。这种观察具有坚实的社会基础和实证支撑，是对过往经验的总结，可控性（一般性对于法律要素的挑选实现了某种自然科学条件下实验条件的限定）和可验证性强，但法律规则在时间上的一般性又是指向未来的，历史的价值就是避免曾经犯过的错误、积累有益的方式方法。法的稳定性是建立在社会发展稳定性的认识基础上的，用稳定性的法指引未来稳定的社会发展，在相当长的时期和大多数情形下过去的经验具有相当的正确率。在社会性的大场域情形下，追求精确性并不可行，也是一个不可能达成的目标。即使是在经济学这样一个最具数据性和实证性的领域，帕累托最优的条件也无法达成，次优乃至第三优才是现实目标。法的一般性通过固化过去和现在的方式对抗未来的最优诉求，正是基于"第二好"的方案才是现实裁判中最佳的裁判方案这样一个认识。[①] 稳定的社会秩序是社会要素多次博弈之后的平衡状态，稳定是法的一般性在法秩序中的空间、时间表现。法律规范的稳定价值就是其意图呈现和形成一种基于过去经验的在大多数情况下正确和有效的社会关系处理模式，虽然这种做法保守，对错误预防的关注超越了将事情做到最好的关注。秩序是过去知识、经验在现在和未来的一种固化形式，不总是正确，大多数情况下意味着一种正确的选择。

二、法的一般性塑造的稳定秩序为社会成员提供了行为安全的基本依据

在特定时期形成的稳定的法律秩序，是一种法律关系安排的给定。通过规则的固化，过去的立法可以规范现在的行为，现在的立法可以规范未来的行为；司法者、执法者用过去的规则裁判现在的行为；守法者用已存的规则来预测和评估未来行为的法律后果。法的一般性用已然制约未然，将未来的行为纳

① ［美］弗雷德里克·肖尔.依规则游戏——对法律与生活中规则裁判的哲学考察.黄伟文译.中国政法大学出版社，2015：180.

入已然的秩序框架中，已然的秩序框架获得了在未来一段时期内的延展性。秩序呈现出一种对于未来的把控，这种把控对于处于秩序之中的行为主体提供了一种行为决策的稳定性。

第一，法的一般性所衍生的法的预测功能要求有一个对于法的统一理解。这一要求是以牺牲裁判者的行动权力为代价的，或者说，是以裁判者对于法的理解趋向于立法者的理解为支撑的。在国家权力体系中，立法权一直是高于司法、执法权的权力类型，即使在英美法系，在有成文法的情况下，成文法也具有优越于判例法的地位。立法、法律实施以及守法的一致性，在不绝对的意义上是以立法权为中心，法律实施和守法向立法靠拢以形成一个实际一致的法律体系。法律受众对于法的理解并不一致，即使是对于一个经过征求公众意见并予以公布的法。徒法不足以自行，法律实施机构的设置就是为了解决法律受众因对于法的理解差异，以及即使理解了法的真实意思依然意图违法的争议而设置的专门机构。统一立法与普罗受众是事实区隔的，而法律实施主体被设定为统一立法与普罗受众之间的联系链条。考虑到分权赋予的独立性和自由裁量权，立法对于法律实施既有权力限制，又有对法律实施的迁就。因而，在不同的法律体系中，一般性法的一致理解的形成和保障路径并不一致。

法律共同体造成了一种内部成员对于规则认识的一致性，规则的一致性认识强化了行动的一致性，似乎一个真正的共同体确实存在了。这样一种共同的意识因素，哪怕是一种假象，也对于法律规则共同的维护和运作至关重要，毕竟法不能变成一个完全依赖外在强制的"力"的体系。共同的意识有利于增强对于法律规范的接受和共享，诱导法律受众将法认定为与其具有一致性的"同类"。

另外，法的一般性压制变异。法的一般性本身就是通过压制差异来塑造的，这包括立法层面对于差异的抑制和忽视、法律实施领域对于差异案情的规整等。这些法秩序构成要素的均等化、均匀化的另一个功能就是对于个别性要素、变异的压制，对于法秩序主体部分稳定的维护，毕竟社会秩序的变革都是发于毫末、积于忽微的。新生的社会关系大多经历了一个从不为法所承认到被法规范的过程，这个过程或激烈，或平缓，但都需要一个相对漫长的时期。从这个意义上讲，法的一般性内含着对于一种特定社会秩序的支持，社会秩序的稳定要求法的一般性得以实现。

第二，法律规则的简化性层次决定着法律行为可预测性的高低。秩序稳定性把一些无秩序社会中的变量变成了常量，降低了行为主体行为决策的外部不确定性，也反向提升了行为主体决策的有效性。法的一般性将社会中普遍发生的行为进行了类型化、模式化处理，在法律有效的条件下，大部分行为主体都会按照法所规定的正向行为模式行为，即使出现反向行为模式，法律也以矫正的形式规定了法律后果。由于法的一般性对于法律行为非此即彼的选择固定，相关法律行为的参与者多数情况下只需要在两个大的方向上作出决策衡量，而且在某些法律秩序中，通过"任何人都不能从自己的过错中受益"类型的法律措施的设置在很大程度上抑制了负行为的选择概率，将可能的双向选择变成了实际的单项选择。选择性被限定在越狭窄的范畴内，不确定性越低，预测的准确性在有更少可能结果和更少更大的分类范畴①时更有保障性。法律规则提供了这种简化，实体规则提供了有限的路径指引，程序规则则提供了路径指引有效的外围辅助。授权性规范、禁止性规范、命令性规范都是含有明确指向的，特别是后两者，就是一种含有可能性的必然性要求。

　　第三，法律秩序有利于形成一种公共选择的合理逻辑，破除集体行为的悖论。制度学派认为，个体即使身处于集体环境之中，其行为选择也是个人主义。集体组织对于个人而言很大程度上是一种工具性角色，集体成员进行行为选择既可能考虑集体的共同利益，亦可能纯粹基于个人或私人利益，并且在很多情况下私人利益会在与共同利益的衡量中胜出。按照哈耶克的自发秩序理论，自然形成的社会秩序是最好的社会秩序，但哈耶克自发秩序理论的实际是自由经济理论。市场失灵是自由经济理论普遍承认的市场缺陷，也可以说是自发秩序的缺陷。囚徒困境、搭便车、激励不足等都是无组织或者组织制度无效率可能导致的后果。而如前所述，稳定社会秩序的形成多是通过规则对于选择的限定实现的，有效的规则体系将社会行为一般化，社会代为选择，或者个人选择需要的条件、要素、信息的易识别性、明显性，有效破解了集体行为选择的囚徒困境。囚徒困境产生的根本原因就是信息获取困难，以一般性法为组织手段的社会从简明和一致两个角度促进了这一困境的化解。而搭便车和激励不足问题归结于一点，就是公共产品的供给和分享问题。如果说囚徒困境的破解，主要依靠的是调整性规则的话，那么公共产品的供给和分享问题的解决依靠的则主要是构成性规则。公共产品的供给和分享问题很难通过社会的自组织体系来独立完成，制度学派还特意通过集体氛围大小来分析了大集体的组织难题。税收、国防、公用事业等对个人低利益但对于社会生存发展至关重要的事

---

　　① ［美］弗雷德里克·肖尔. 依规则游戏——对法律与生活中规则裁判的哲学考察. 黄伟文译. 中国政法大学出版社，2015：162.

项，需要额外采用附加强制（如刑法中行政犯的设置）或者激励（赋予独占权等）的方式来解决，单纯依靠集体意识、社会公德效果并不好。构成性规范作为行为模式创造性规范，在已存的社会关系之外创造一种新的社会行为规范，其主要针对的就是社会公共领域的调整问题。构成性规范多数不是自生的，至多是对社会中存在的竞争关系但并没有优势地位的规范的提取和整理。构成性规范既要为社会提供一个公共产品供给和分享规则，又要对公共产品供给和分享规则的有效性提供保障。

主要参考文献

一、中文文献

［1］葛洪义.法理学.中国政法大学出版社，2012.

［2］李桂林，徐爱国.分析实证主义法学.武汉大学出版社，2000.

［3］彭小瑜.教会法研究.商务印书馆，2003.

［4］舒国滢.法理学导论.北京大学出版社，2011.

［5］史彤彪.孟德斯鸠错了.清华大学出版社，2014.

［6］王人博，程燎原.法治论.山东人民出版社，1998.

［7］朱力宇.法理学.科学出版社，2013.

［8］朱景文.法理学（第三版）.中国人民大学出版社，2015.

［9］周农，张彩凤.法理学.中国人民公安大学出版社，2007.

［10］周旺生，朱苏力主编.法理学·立法学·法律社会学.北京大学出版社，2010.

［11］张文显.法理学.高等教育出版社，北京大学出版社，2007.

［12］陈金钊，宋保振.法的一般性对法治中国建设的意义.南京社会科学，2016（1）.

［13］陈景辉.法律的内在价值与法治.法制与社会发展，2012（1）.

［14］陈景辉.规则的普遍性与类比推理.求是学刊，2008（1）.

［15］戴津伟."法的一般性"之要求与实践功能研究.江海学刊，2016（6）.

［16］戴志勇，杨晓维.间接执法成本、间接损害与选择性执法.经济学研究，2006（9）.

［17］葛洪义，陈年冰.法的普遍性、确定性、合理性辨析——兼论当代中国立法和法理学的使命.法学研究，1997（5）.

［18］郭忠.法律规范特征的两面性——从法律目的实现的角度分析.浙江

社会科学，2012（6）.

［19］鞠成伟. 自然法的历史功绩与一般价值——复兴自然法理论对自然法的捍卫. 岳麓法学评论（第 7 卷）.

［20］刘炯. 特例立法之批判：以中国刑法为样本. 山东警察学院学报，2011（4）.

［21］刘风景. 法治的阿基米德支点——以法的一般性为中心. 法学论坛，2013（5）.

［22］刘风景. 一般性立法的精神与坚守. 江海学刊，2016（3）.

［23］刘士国. 类型化与民法解释. 法学研究，2006（6）.

［24］刘敬东. 两个世界与理性主义：柏拉图、斯多葛派与西塞罗合论. 现代哲学，2001（4）.

［25］李育书. 自然法的普遍性之痛——以黑格尔对近代自然法的批判为分析视角. 甘肃理论学刊，2013（1）.

［26］莫纪宏. 全民守法与法治社会建设. 改革，2014（9）.

［27］齐延平. 论普遍人权. 法学论坛，2002（3）.

［28］孙国华，黄金华. 法是"理"与"力"的结合. 法学，1996（1）.

［29］王申. 理念、法的理念——论司法理念的普遍性. 法学评论，2005（4）.

［30］王元亮. 论形式平等与实质平等. 科学社会主义，2013（2）.

［31］夏勇. 法治是什么——渊源、规训与价值. 中国社会科学，1999（4）.

［32］杨忠文，杨兆岩. 法的效力等级辨析. 求是学刊，2003（6）.

［33］张放. 不法之法——试析纳粹立法对法律一般性原则的破坏. 政治与法律，2014（4）.

［34］张德瑞. 行政法的平等原则与行政机关的选择性执法. 河南社会科学，2007（6）.

［35］章剑生. "选择性执法"与平等原则的可适用性. 苏州大学学报（法学版），2014（4）.

［36］曾凡跃. 法理念的普遍性问题研究——超民族性的视角. 现代法学，2003（4）.

［37］朱寅昊. 法律个别化的成因及其实践. 政治与法律，2013（12）.

［38］［奥］汉斯·凯尔森. 法与国家的一般理论. 沈宗灵译. 商务印书馆，

2013.

　　［39］［奥］尤根·埃利希.法律社会学基本原理.叶名怡，等译.中国社会科学出版社，2011.

　　［40］［德］魏德士.法理学.吴越，等译.法律出版社，2005.

　　［41］［德］考夫曼.法律哲学.刘幸义，等译.法律出版社，2004.

　　［42］［德］黑格尔.法哲学原理.范扬，张企泰译.商务印书馆，1982.

　　［43］［德］拉德布鲁赫.法学导论.米健，朱林译.中国大百科全书出版社，1997.

　　［44］［德］卡尔·施米特.宪法学说.刘锋译.上海人民出版社，2005.

　　［45］［德］康德.法的形而上学原理.沈叔平译.商务印书馆，1991.

　　［46］［法］卢梭.社会契约论.何兆武译.商务印书馆，2005.

　　［47］［法］孟德斯鸠.论法的精神.张雁深译.商务印书馆，1987.

　　［48］［法］莱昂·狄骥.宪法学教程.王文利，等译.春风文艺出版社，1999.

　　［49］［古希腊］柏拉图.柏拉图全集（第三卷）.王晓朝译.人民出版社，2003.

　　［50］［古罗马］西塞罗.国家篇 法律篇.沈叔平，苏力译.商务印书馆，1999.

　　［51］［古罗马］西塞罗.论共和国 论法律.王焕生译.中国政法大学出版社，1997.

　　［52］［古希腊］亚里士多德.政治学.吴寿彭译.商务印书馆，1965.

　　［53］［古希腊］亚里士多德.尼各马可伦理学.廖申白译注.商务印书馆，2003.

　　［54］［古罗马］查士丁尼.法学总论.张启泰译.商务印书馆，1997.

　　［55］［美］理查德·A.波斯纳.道德和法律理论的疑问.苏力译.中国政法大学出版社，2001.

　　［56］［美］富勒.法律的道德性.郑戈译.商务印书馆，2014.

　　［57］［美］布雷恩·Z.塔玛纳哈.论法治——历史、政治和理论.李桂林译，武汉大学出版社，2010.

　　［58］［美］E.博登海默.法理学：法律哲学与法律方法.邓正来译.中国政法大学出版社，2004.

［59］［美］菲尼斯．自然法与自然权利．董娇娇，等译．中国政法大学出版社，2005.

［60］［美］昂格尔．现代社会中的法律．吴玉章，周汉华译．译林出版社，2001.

［61］［美］约翰·罗尔斯．正义论．何怀宏，等译．中国社会科学出版社，1988.

［62］［美］E.A.霍贝尔．原始人的法．严存生，等译．法律出版社，2012.

［63］［美］弗雷德里克·肖尔．依规则而游戏——对法律与社会生活中规则裁判的哲学考察．黄伟文译．中国政法大学出版社，2015.

［64］［美］弗雷德里克·肖尔．像法律人那样思考（法律推理新论）．雷磊译，中国法制出版社，2016.

［65］［美］霍菲尔德．基本法律概念．张书友编译．中国法制出版社，2009.

［66］［美］罗斯科·庞德．通过法律的社会控制．沈宗灵译，楼邦彦校．商务印书馆，2010.

［67］［美］乔治·霍兰．萨拜因．政治学说史（下册）．盛葵阳，崔妙因译．商务印书馆，1986.

［68］［新西兰］杰里米·沃尔德伦．法律——七堂法治通识课．季筱哲译．北京大学出版社，2015.

［69］［英］H.L.A.哈特．法律的概念．许家馨，李冠宜译．法律出版社，2011.

［70］［英］杰里米·边沁．论一般法律．毛国权译．上海三联书店，2013.

［71］［英］雷蒙德·瓦克斯．牛津通识读本·法哲学：价值与事实．谭宇生译．译林出版社，2013.

［72］［英］约翰·洛克．政府论（下篇）.叶启芳，瞿菊农译．商务印书馆，1964.

［73］［英］迈克尔·曼．民主的阴暗面．严春松译．中央编译出版社，2015.

［74］［英］霍布斯．论公民．应星，冯克利译．贵州人民出版社，2003.

［75］［英］约瑟夫·拉兹．法律的权威：法律与道德论文集．朱峰译．法

律出版社，2005.

[76]［英］弗里德里希·冯·哈耶克.自由宪章.杨玉生，等译.中国社会科学出版社，2012.

[77]［英］弗里德里希·冯·哈耶克.法律、立法与自由.邓正来，等译，中国大百科全书出版社，2000.

[78]［英］马林诺夫斯基.原始社会的犯罪与习俗.原江译.法律出版社，2007.

[79]［英］玛丽·道格拉斯.制度如何思考.张晨曲译.经济管理出版社，2013.

[80]［英］贝瑞.苏格兰启蒙运动的社会理论.马庆译.浙江大学出版社，2013.

[81]［英］休谟.人性论（下），关文运译.商务印书馆，1980.

[82]［英］约翰·奥斯丁.法理学的范围.刘星译.中国法制出版社，2002.

[83]［意］T.阿奎那.阿奎那政治著作选.马清槐译.商务印书馆，1982.

二、外文文献

[84] Conway，Gerard.*Levels of Generality in the Legal Reasoning of the European Court of Justice*.European Law Journal，Vol.14，Issue 6.

[85] Donald Dworkin.*A Matter of Principle*，Harward University Press，1985.

[86] Dorf，Michael C.and Tribe，Laurence H.*Levels of Generality in the Definition of Rights*（January 1，1990）.University of Chicago Law Review，Vol.57.

[87] Frederick Schauer.*Playing By the Rules*：*A Philosophical Examination of Rule-Based Decision-Making in Law and Life*，Oxford：Clarendon Press 1991.

[88] Frederic Wlilliam Maitland.*A History Sketch of Liberty and Equality*，Indianapolis：Liberty Fund 2000（1875）.

[89] F.A.Hayek.*The Political Idea of the Rule of Law*，Cairo：National Bank of Egypt.

[90] Gowder，Paul A.*The Rule of Law and Equality*（August 29，2011）.Law and Philosophy.

[91] John Ferejohn and Pasquale Pasquino．"Rule of Democracy and Rule of

Law", in Jose Maria Maravall and Adam Preworski, eds.*Democracy and the Rule of Law*.Cambridge: Cambridge University Press, 2003.

[92] Jack Stark, .*The Proper Degree of Generality for Statutes*, Statute Law Review, 2004, 25.

[93] Timothy Endicott.*The Generality of Law*, Oxford Legal Studies Research Paper, No.41/2012.

[94] V.Dicey.*Introduction to the Study of the Law of the Introduction*, London: Macmillan, 1961.

[95] Zev Trachtenberg.*Generality, Efficiency, and Neutrality: Must Laws be General to be Legitimate?*.Pacific Philosophical Quarterly, 2001, Vol.82, Issue 1.